- 인생의 사계 -

박성철 지음

삶은 더욱 강해지기 위해 살아야 하는 것이 아니다.
나를 더욱 사랑하기 위해 살아야 하는 것이다.

아파트 평수, 은행의 잔고, 가전 제품의 종류, 지갑에 든 현찰.
이런 '가정환경 조사서'에 적힌 수치들이 나를 만드는 것은 아니다.

항상 생각할 것!
'내 영혼의 귀'는 무엇을 들으려 하는지,
'내 영혼의 눈'은 무엇을 보고 싶어 하는지를.

잊지 마라.
오색찬란한 무지개를 보고 싶다면 비쯤은 견뎌야만 한다는 것을.

세상에는 슬럼프 없이 꾸준한 결과를 내는 것 단 하나가 있다.
그것은 바로 노력이다.

머리말

나는 이 글을 쓰고 있는 오늘, 2013년 1월 26일 자정 노트북을 부팅시키고 그것을 검색해보았다.

총 30,171권의 책, 637,955건의 이미지, 3,881,244건의 블로그, 182,515건의 동영상, 1,483,441건의 뉴스, 17,566,562건의 카페 글, 909,318건의 지식iN이 그것에 대해서 소리 높이고 있었다. 시간이 지난 다이어리를 검색해보았다.

2011년 3월 23일 삶의 건전지가 다한 듯 물먹은 휴지처럼 힘들었던 날이라는 제목이 적혀 있던 그날.

총 24,526건의 책, 309,951건의 이미지, 2,795,383건의 블로그, 113,399건의 동영상, 1,014,090건의 뉴스, 12,512,634건의 카페 글, 638,552건 지식iN이 그것을 말하고 있었다. 2년이 지나지 않은 지금 이 지구에서는 그것을 더 많이 이야기하고 있다. 내가 검색했던 그것. 바로 '희망'이라는 단어였다. 수많은 사람이 수많은 곳에서 희망을 이야기하고 있다. 당신, 또한 당신의 인생에 다시 한 번 '희망'이라는 에너자이저 건전지를 충전시키기를!

Contents

머리말 6

Chapter 1 봄

인생이라는 식탁 14 월요일을 기다리는 사람 16 생각의 부메랑 18 걸림돌과 디딤돌 20 당신의 몸값은? 22 희망 결핍증 환자 26 행동이 정답 28 성공을 위한 두 개의 노 30 가슴의 온도 32 인류 최고의 자원 34 가족의 의미 36 스마일 인생 40 진짜 커피 42 역사책을 펼치는 사람 44 행복한 인생 제1법칙 46 천사들이 들어갈 수 없는 곳 50 나는 지금 어디로 가고 있는가? 52 끝내는 사람 54 희망을 보는 사람 56 최고의 값어치를 지닌 그림 58

Chapter 2 여름

입장료는 공짜 62 오뚝이를 선물하는 사람 64 노력하는 영혼 66 밋밋한 길 달리기 68 절대 미뤄서는 안 될 일 70 다시 3분이 주어진다면 72 3대 액체 사용법 74 간절한 꿈 하나 78 구멍 난 바지주머니 80 가면 속의 얼굴 82 나의 등을 보는 마음 84 성공의 사다리 86 웃는 일이 취미인 사람 88 슬픔의 마을에 사는 사람 90 nowhere와 now here 92 나를 따라다니는 사람 94 성공한 사람의 일기장에 쓰인 말 96 경험이라는 보물 98 바꾸기 힘든 길 100 황금을 캐는 사람 104 삶이 주는 선물 106 모든 것을 다 가질 수 있는 사람 108

Contents

Chapter 3 가을

그리고 조금 더 112 이해라는 안경 114 어떤 회사의 신입사원 채용법 116 '남 따라 하기'라는 병 120 성공의 기원, 관심 122 내 인생의 그 하루 124 양심의 굳은 살 126 꿈을 이루는 연구소 128 칭찬의 힘 130 성공의 정의 132 보석을 찾아내는 심미안 134 후회 없는 인생 136 아무도 모르는 사람 138 간절히 원하라 140 이번 한 번쯤이야! 142 어느 판매왕의 비결 144 초등학생에게 배운 최고의 사랑 146 1억 원이 든 돈 가방 150 인생 최고의 날, 오늘 152 날아간 꿈 154 진심의 학교 156 묘비의 당당함 158

Chapter 4 겨울

최초의 사람이 되기 162 여러 각도에서 보는 인생 164 도토리의 꿈 166 후반전 인생 168 사람의 가치 170 정신적 노인 172 사랑법 176 어디로 가는지 모르는 지구인 178 인생을 완전히 바꾸는 법 180 나에게 묻는 안부 인사 182 소중한 물 한 잔 184 지갑 속의 보물 186 인간관계의 달인 188 우정을 나누는 사이 190 숫자를 잊게 해주는 묘약 192 가장 뛰어난 능력을 가진 사람 194 쉼표가 있는 하루 196 마라톤 선수가 들려준 인생 성공법 200 세상의 기회 202 공짜는 대가를 원한다 206 감동이 깃들어 있는 가슴 208 삶의 모범답안 212 운명은 없다 214 다음 해를 기약하며 218

맺음말 220

인생이라는 식탁

중학교 졸업이 학력의 전부인 사람이 있었습니다. 그는 자신의 인생을 성공으로 이끌어줄 수 있는 것은 오직 요리뿐이라고 생각하며 열심히 일했습니다. 그렇게 30년이 흘렀고, 그는 최고의 요리사로 인정받게 되었습니다. 게다가 그는 요리사를 꿈꾸는 학생들을 가르치는 대학교수까지 되었습니다. 사람들은 중학교밖에 졸업하지 못한 그가 교수가 되었다며 엄지를 치켜들었습니다.

"교수님은 어떻게 해서 최고의 요리사가 될 수 있었나요?"

수업 중에 한 학생이 물었습니다.

"그건 식탁에 놓인 음식을 골고루 먹었기 때문입니다."

학생들은 교수의 말에 고개를 갸우뚱거렸습니다.

교수는 웃으면서 설명해주었습니다.

"나는 요리를 하면서 무수한 실패를 겪었습니다. 그래서 절망도 많이 했지요. 그런데 어느 순간부터 나는, 인생이란 내가 하고 있는 요리가 모인 식탁과 같다는 생각을 하게 되었습니다. 인생이라는 식탁에는 성공, 기쁨, 즐거움뿐만 아니라 실패, 좌절, 시련이라는 요리들도 함께 모여 있습니다. 식탁에 놓여 있는 음식들을 골고루 먹어야 가장 건강할 수 있듯이 인생의 식탁에 올라온 것들을 골고루 먹어야 최고로 건강한 인생이 되는 것입니다."

학생들의 얼굴에 따뜻한 미소가 번졌습니다. 교수는 학생들을 향해 질문을 던졌습니다.

"지금 여러분은 인생이라는 식탁에 놓인 요리들을 골고루 먹고 있나요?"

마음에 새기는 지혜

인생에서도 편식은 바람직하지 않다. 입에 맞는 맛있는 반찬만 집어먹듯 인생이라는 밥상에서 달콤하고 즐거운 메뉴만 찾는다면, 영양실조에 걸린 인생을 살기 십상이다.

인생이 우리에게 차려주는 밥상에는 늘 영양가가 풍부하다. 인생이 차려주는 실패와 시련 같은 메뉴도 빠뜨리지 않고 먹는 당신이 되기를……

월요일을 기다리는 사람

항상 활기차고 생동감 넘치는 젊은이가 있었습니다. 그 모습을 늘 부러워하던 한 친구가 물었습니다.

"열심히 살아가는 네 모습이 참 보기 좋아! 도대체 그렇게 살 수 있는 비결이 뭐야?"

젊은이는 웃으며 말했습니다.

"난 월요일을 기다리는 사람이 되기로 했거든."

무슨 말인지 몰라 어리둥절해하는 친구에게 젊은이는 찬찬히 설명했습니다.

"일주일 열심히 일해야 한다는 사실, 내가 가지고 있는 힘의 한계 용량을 다 사용해 일주일을 살아야 한다는 사실, 그게 어쩌면 삶의 기본 공식일지도 몰라. 많은 사람이 그렇게 살아가고 있긴 하지. 하지만 여기에 기본 공식 하나가 더 있다는 사실을 망각한 채 살아가고 있어. 그건 한 주간 열심히 달려왔다면 땀을 닦고 시원한 바람을 맞을 수 있는 휴식 시간도 가져야 한다는 사실이야. 주말이 되면 진짜 제대로 쉬는 게 필요하지. 가족과 함께 시간을 보내고, 이불 속에서 한바탕 빈둥거리고, 흙을 밟으며 풀 냄새 맡아보는 것, 그런 일들 말이야. 자동차도, 공장 기계도 가끔은 엔진을 끄고 점검 시간을 가져야 하는 것처럼 말이야. 그렇게 주말을 보냈을 때, 다시 힘차게 일터로 뛰어들 수 있어. 그야말로 월요일이 기다려지는 거지. 월요일 아침 출근 때마다 나는 휘파람을 불면서 나 자신에게 이런 말을 해. '월요일아! 지난 주말, 내가 얼마나 너를 기다렸는지 아니?' 하고 말이야."

마음에 새기는 지혜

월요일이 기다려진다는 말, 이처럼 멋진 말이 또 있을까?

우리는 열심히 달릴 줄만 알았지, 열심히 쉴 줄은 몰랐다. 뜨겁게 일하고 미지근하게 쉬었다. 재충전, 휴식의 진정한 의미가 무엇인지는 간과한 채 말이다. 100미터를 전속력으로 달려왔다면 헐떡이며 바로 다시 또 뛰려고 할 것이 아니라, 잠시 꿀 같은 휴식을 갖은 후에 달려야 한다. 그래야 다음 목적지를 향해 더 빨리 달릴 수 있는 법이다.

이제 그런 못난 습관은 버리자. 쉬고 있으면서도 진정으로 쉬지 못하는 못난 습관을…….

생각의 부메랑

어느 고등학교에서 봄 소풍을 갔습니다. 장기 자랑 시간이 끝나고 권투 시합이 벌어졌습니다. 권투 시합은 덩치가 가장 큰 학생의 독무대였습니다. 세 명이나 그 학생에게 도전했지만 아무도 이기지 못했습니다.

"도전할 사람 있으면 또 나와보라고!"

덩치 큰 학생이 의기양양하게 말했습니다. 더 이상 그 학생에게 도전할 사람은 없을 듯했습니다. 그때였습니다. 그 학교에서 가장 왜소한 체구의 친구가 손을 번쩍 들었습니다. 깜짝 놀란 반 친구들이, 그러나 이내 "우, 우" 하는 야유를 보냈습니다.

"야, 네가 쟤를 어떻게 이기겠다는 거야? 쟤 덩치 안 보이냐?"

친구들 모두가 왜소한 아이를 말렸습니다. 그러자 왜소한 친구는 씩 웃으며 말했습니다.

"한번 보라고, 어떻게 되는지!"

경기가 시작되었고, 곧 아이들의 예상과는 전혀 다른 경기가 진행되었습니다. 왜소한 아이는 주먹은 그다지 세지 않았지만, 쉬지 않고 덩치 큰 아이에게 주먹을 날렸습니다. 그러면서 상대의 반격을 재빨리 피했습니다.

결과는 왜소한 아이의 KO승이었습니다. 놀란 아이들이 함성을 질렀습니다.

"야, 이게 도대체 어떻게 된 거야?"

왜소한 아이는 천연덕스럽게 말했습니다.

"덩치가 너무 크다고 때리기가 힘든 건 아니야. 난 이렇게 생각했어. '내 주먹이 빗나가기엔 쟤의 덩치가 너무 크다'고 말이야."

마음에 새기는 지혜

생각은 부메랑 같은 것이다. 나의 생각은 꼭 다시 나에게 돌아온다. 그 생각은 반드시 나를 그대로 명중시키는 법이다.

'난 안 돼!', '난 못 할 거야!'라는 부정적인 생각은 패배의 멍에를 짊어지게 한다. 삶이라는 경기장에서 쓸쓸히 퇴장하는 패배자를 만든다.

'난 할 수 있어', '다 잘될 거야!'라는 긍정적인 생각은 삶이라는 경기장에서 승리의 월계관을 씌워주는 마법의 주문이다.

걸림돌과 디딤돌

 사람을 꿈꾸는 양 두 마리가 있었습니다. 양들은 사람이 되게 해달라고 신에게 간절히 빌었습니다. 그들의 부탁이 너무도 애절했기에 신은 그 소원을 들어주기로 했습니다.

 "산꼭대기에 사람이 되는 약을 숨겨놓았다. 가서 그걸 마시거라."

 양 두 마리는 각자 출발했습니다. 그리고 이틀이 지났습니다. 양 한 마리가 신에게 달려와 항의했습니다.

 "신이시여! 왜 그 좁은 길에 커다란 돌멩이 하나를 놔두었습니까? 그 걸림돌 때문에 도저히 건너갈 수가 없었습니다."

 신은 다른 양 한 마리를 불렀습니다. 신 앞에 나온 그 양은 이미 신비의 약을 먹고 사람이 되어 있었습니다. 양은 화가 나서 물었습니다.

 "넌 대체 어떻게 그 커다란 걸림돌을 넘어갔니?"

 이미 사람이 된 그 양은 이상하다는 듯 고개를 갸우뚱하며 말했습니다.

"걸림돌이라니? 그곳에는 디딤돌밖에 없던걸?"

마음에 새기는 지혜

인생에는 커다란 돌멩이 같은 문젯거리가 늘 있게 마련이다. 당신은 그 돌멩이를 걸림돌로 보는가, 디딤돌로 보는가?

인생은 졌을 때 끝나는 것이 아니라 포기할 때 끝난다. 보잘것없는 시냇물도 돌멩이에 부딪히고 급격한 경사를 만나 격랑 속에서 더 센 물살을 이루고는 이윽고 거대한 바다가 된다. 우리의 인생도 마찬가지다. 지금의 걸림돌은 걸림돌이 아니다. 그것은 우리를 단련시키는 디딤돌이다. 장애물을 걸림돌이 아닌, 디딤돌로 받아들일 때 당신의 인생은 좀 더 발전할 것이다.

당신의 몸값은?

전도유망한 청년이 있었습니다. 우수한 성적으로 대학 졸업을 앞둔 그는 취직할 회사를 알아보고 입사 지원서를 내기로 했습니다.

그런데 적당한 회사를 찾아내 입사 지원서를 작성할 때가 되자, 그는 점점 불안해졌습니다.

'과연 합격할 수 있을까? 쟁쟁한 인재들이 다 모일 텐데……. 아! 아무래도 난 안 될 거야!'

이런 생각이 머릿속에서 떠나질 않았습니다. 자신의 적성에 꼭 맞는, 정말로 일하고 싶은 회사였지만, 그는 안 될 거라는 생각에 주눅이 든 채 그 회사에 입사 지원서를 냈습니다.

입사 시험을 치르는 날, 그의 앞에 놓인 문제들은 생각 외로 쉬웠습니다. 그런데 총 50문제 중 예상치 못한 문제가 하나 있었습니다.

'당신을 상품이라고 생각하라. 당신의 가격은 얼마인가?'

잠시 고개를 갸웃거리던 그는 이내 답을 대충 적었습니다. 모든 문제를 풀고 시험지를 제출한 그는 시험장을 나오며 휘파람을 불었습니다. 그 한 문제를 제외한 나머지 49문제를 모두 완벽하게 풀었기 때문입니다.

필기시험 합격자 발표 날, 합격자 명단에 그의 이름은 어디에도 없었습니다. 화가 난 그는 회사의 인사부서를 찾아가 시험 채점 담당자에게 항의했습니다.

"대체 내가 떨어진 이유가 뭡니까? 나는 문제를 완벽하게 풀었다고요!"

그의 시험 데이터를 찾아본 담당자가 잠자코 말했습니다.

"네, 그렇군요. 그런데 제일 중요한 문제에서 당신은 최하 점수를 받았습니다. 당신은 당신의 가격을 너무도 낮게 책정했습니다. 스스로 몸값을 낮게 매기는데, 어떻게 우리 회사가 당신의 몸값을 비싸게 매길 수 있겠습니까? 스스로를 헐값에 팔아넘기는 것, 그것은 당신에게 가장 치명적인 약점입니다."

마음에 새기는 지혜

자신의 몸값을 결코
백화점 한구석의 덤핑 제품처럼 취급하지 마라.
겸손과 자기비하는 엄연히 다르다.
겸손은 인생의 보석이지만 자기비하는 인생의 범죄다.
나 스스로를 '있어도 그만, 없어도 그만'인
싸구려 상품으로 생각하면
다른 사람 역시 그렇게 여기는 법이다.
내가 나를 존중하고 귀하게 여기는 순간,
내 몸값과 인생의 가격은 상한가가 된다.

당신의 가격은 얼마입니까?

희망 결핍증 환자

자신의 인생을 몹시 비관적으로 생각하는 사람이 있었습니다. 그의 머릿속엔 온통 세상에 대한 원망뿐이었습니다. 자연히 매사 의욕이 없었기에 하루하루가 그저 따분하기만 했습니다.

어느 날, 친구 한 명이 그에게 심리 치료를 권했고, 결국 그는 정신과를 찾아갔습니다. 정신과 의사는 그의 병이 무엇인지 알아내기 위해 한참을 그와 대화했습니다. 그는 말마다마다 절망을 늘어놓았습니다.

"선생님, 도대체 저는 어떤 상태입니까? 정말로 알고 싶습니다."

의사는 골똘히 생각한 뒤 이렇게 말했습니다.

"자, 지금부터 내가 시키는 대로 해보세요. 코를 막고, 호흡을 멈춰보세요. 숨을 쉬지 말고 참을 수 있을 때까지 버티는 겁니다."

그는 의사가 시키는 대로 했습니다. 그러나 얼마 가지 못했습니다.

"켁, 켁. 선생님, 도저히 못 참겠습니다."

의사는 빙긋이 웃으며 말했습니다.

"그렇죠? 이 세상은 산소를 마시지 않고는 살아갈 수 없는 곳입니다. 산소 결핍증 환자는 도무지 살아갈 수가 없는 곳이지요. 또 한 가지가 있습니다. 이 세상에서는 희망을 마시지 않고서도 살아갈 수 없지요. 지금 당신은 희망 결핍증 환자입니다."

마음에 새기는 지혜 ●

사람은 40일을 먹지 않고도 살 수 있고, 3일 동안 물을 마시지 않고도 살 수 있다고 한다. 산소가 없어도 5분 정도는 버틸 수 있다고 한다. 하지만 희망이 없다면 단 1초도 살 수 없다. 숨은 쉬되, 죽은 목숨과 다름없기 때문이다.

두 글자로 이루어진 축복의 말, 잿빛 세상의 불확실한 물음표를 온통 가능성의 느낌표로 만들어주는 말, 그것은 바로 희망이다. 희망은 삶을 이어가는 데 꼭 필요한 또 다른 산소다.

행동이 정답

아이디어가 뛰어나기로 소문난 한 사원이 있었습니다. 그의 좋은 아이디어 덕분에 회사의 상품들은 날개 돋친 듯 팔려나갔습니다. 하지만 그는 정작 자신에게 돌아오는 이득이 별로 없다는 것에 기분이 나빴습니다. 그래서 자신이 직접 회사를 차리기로 했습니다.

그는 또다시 좋은 아이디어를 생각해냈지만 이상하게도 사업이 번창하기는커녕 고전을 면치 못했습니다. 답답한 마음에 그는 경영 전문가를 찾아가 자문을 구했습니다.

그는 자신의 사업을 자세히 설명했습니다. 경영 전문가도 좋은 아이디어라고 느꼈는지 고개를 끄덕였습니다.

"이런데도 내 사업이 제대로 되지 않는 이유가 도대체 뭘까요?"

그의 설명과 더불어 모든 자료를 충분히 검토한 경영 전문가는 이윽고 이렇게 충고했습니다.

"생각하는 시간도 중요합니다. 하지만 당신은 행동하는 데는 시간을 거의 쓰지 않습니다. 생각하는 시간을 줄이고, 행동하는 시간을 늘리십시오. 행동, 그 안에 마법의 힘이 들어 있으니까요."

마음에 새기는 지혜 ●

우리는 두 사람의 나로 이루어져 있다. 바로 '생각하는 나'와 '행동하는 나'이다. 우리는 '생각하는 나'에게만 너무 많은 기회를 주고 '행동하는 나'에게는 제대로 기회를 주지 않고 있다. 그래서 우리는 곧잘 이런 후회를 한다.

'실수였어! 더 많은 행동을 취해야 했는데……."

어떤가? 이 후회, 당신의 자서전에도 쓰일 말 아닌가?

성공을 위한 두 개의 노

무슨 일이든 열심히 하는 젊은이가 있었습니다. 하지만 정말 열심히 일하는데도 불구하고 그는 다른 사람에게 그다지 좋은 평을 듣지도, 사회적으로 성공하지도 못했습니다. 젊은이는 절망에 빠져 고등학교 시절의 담임선생님을 찾아가 그 이유를 물었습니다.

담임선생님은 아무 말 없이 그를 호수로 데려갔습니다. 그러고는 노가 달린 배 위에 젊은이를 태웠습니다. 선생님이 말했습니다.

"얘야, 저 건너편이 바로 성공에 이르는 길이란다. 한쪽의 노만으로 저곳에 가보거라."

젊은이는 오른쪽에 있는 노를 있는 힘을 다해 저었습니다. 하지만 배는 제자리에서 빙글빙글 돌기만 할 뿐 좀처럼 앞으로 나아가지 못했습니다.

이윽고 선생님이 제자를 바라보며 말했습니다.

"애야, 네가 저은 그 노는 '열심히 일하라'라는 노란다. 또 다른 노는 '뚜렷한 목표를 가져라'라는 노란다. 성공의 뱃길은 단순히 열심히만 한다고 해서 열리는 게 아니지. 물론 무엇이 되겠다는 뚜렷한 목표만 갖고서도 열리지 않아. 성공이라는 항구에 이르기 위해서는 양쪽 노를 모두 열심히 저어야 하는 거란다."

마음에 새기는 지혜 ●

어떤 것을 하고 싶은지, 무엇이 되고 싶은지 간절히 원하라. 그리고 그 꿈에 자신의 전부를 내걸어라. 그럴 때 비로소 그토록 갈망했던 일이 기적처럼 이루어질 것이다.

성실의 노와 목표의 노를 함께 저어라. 한쪽만 열심히 저어서는 엇박자로 빙빙 돌기만 하는 전진 없는 인생이 될 것임을 명심하라.

가슴의 온도

매달 고아원을 방문해서 아이들에게 많은 선물을 주고 가는 사람이 있었습니다. 그는 자신의 신상이 공개되는 것을 원치 않았습니다. 그래서 그가 어디에 살고 있고, 얼마나 부자인지 아는 사람은 없었습니다. 그럼에도 그 사람에 대한 소문은 조금씩 퍼져나갔고, 결국 한 신문기자의 관심을 끌게 되었습니다.

기자는 몰래 그를 취재하기 시작했습니다. 그런데 알고 보니 그는 일용직 노동자로, 집도 한 채 없는 궁핍한 사람이었습니다. 기자는 가난에 쪼들리면서도 남에게 베풀며 사는 이유가 너무도 궁금했습니다. 그래서 기자는 그에게 직접 찾아가 물었습니다.

"별로 가진 것이 없으면서 어떻게 어려운 고아들을 도울 생각을 했습니까?"

그는 온화한 미소로 말했습니다.

"많은 것을 가졌다고 많은 것을 줄 수 있는 것은 아니랍니다.

사랑을 주는 데 필요한 것은 물질이 아니라 가슴의 온도이지요. 사랑을 줄 수 있느냐 없느냐는 마음속에 어떤 난로를 넣어두고 사느냐에 달려 있습니다."

마음에 새기는 지혜

사랑을 말하는 사람은 많은데, 정작 사랑을 주는 사람은 없는 세상이다. 줄 것이 없다고, 가진 것이 적다고 말하지 마라. 사랑을 주는 데 진정으로 필요한 것은 가진 것의 크기가 아니라 내 가슴속의 온도다.

난로 같은 따뜻한 가슴을 가진 사람, 그런 이가 정말 아름다운 사람이다.

인류 최고의 자원

새로 개발한 소프트웨어 덕분에 유명해진 컴퓨터 프로그래머가 있었습니다. 그가 개발한 소프트웨어는 세계 각국으로 수출되어 회사에 막대한 이익을 안겨주었을 뿐만 아니라 국가수익 상승에도 커다란 공헌을 했습니다.

그런데 무엇보다 사람들을 놀라게 한 것은 중고등학교 시절 그의 아이큐가 100에 불과했다는 사실이었습니다. 사람들은 아이큐가 그다지 뛰어나지 않은 그가 어떻게 그처럼 대단한 소프트웨어를 개발하였는지 궁금했습니다.

그는 한 인터뷰에서 자신이 그렇게 될 수 있었던 이유를 말했습니다.

"내 아이큐를 알게 된 직후 나는 충격을 받았습니다. 100정도면 중간도 되지 않는 상태였으니까요. 그렇습니다. 나는 아이큐만 모자란 것이 아니라 못하는 것도 백 가지가 넘었습니다. 하지만 나는 생각했습니다. 백 가지를 못한다 해도 한 가지 정도는 잘할 수 있을 거라고요. 왜냐고요? 신은 공평하니까요, 아니 공평하지 않더라도 한 사람에게 최소한 한 가지 정도 잘하는 것은 주는 법이니까요. 나는 내게 주어진 그 한 가지가 컴퓨터임을 깨달았고, 그 사실을 알고 나서는 미친 듯이 컴퓨터에 매달렸습니다. 지금도 나는 많은 것에 서툽니다. 하지만 컴퓨터 한 가지만큼은 잘합니다. 컴퓨터 덕분에 유명해졌고 부도 얻었습니다. 잘할 수 있는 것이니까 나는 그것을 더 잘하려 노력했고, 그것이 오늘의 영광을 있게 했습니다."

그는 많은 젊은이에게 다음과 같은 멋진 말을 덧붙였습니다.

"다 못한다고 핑계를 대는 시간에 한 가지라도 잘할 수 있는 것을 찾아내세요. 왜냐고요? 자연의 자원은 쓰지 않아도 그대로 있지만, 인간의 자원은 쓰지 않으면 고갈되니까요!"

마음에 새기는 지혜 ●

인생에서 가장 큰 낭비는 자신 안에 있는 재능을 그냥 방치하는 것이다. 세상에서 가장 뛰어난 발견자가 누구인지 아는가? 자신 안에 숨겨진 거인을 발견해내는 사람이다.

못하는 수백 가지에 관심을 두지 말고, 잘할 수 있는 한 가지에 인생의 초점을 맞추어라. 그 한 가지에 모든 정열과 노력을 쏟아 부어라. 그러면 성공의 갱도가 열릴 것이다.

가족의 의미

지니는 초등학교 선생님입니다. 아이들을 모두 평등하게 사랑하는 것이 교사의 역할이기에 그녀는 아이들에게 똑같은 사랑을 나누어주고자 노력했습니다.

그런데 유난히 관심이 가는 아이가 한 명 있었습니다. 바로 한나라는 아이였는데, 그 아이는 수업 시간에 가끔 이상한 행동을 하고 다른 친구들과도 잘 어울리지 못했습니다. 부유한 가정의 아이였고, 개인 교습도 많이 받는 아이였기에 한나의 행동은 잘 이해되지 않았습니다.

그러던 어느 날이었습니다.

"이번 미술 시간에는 '집과 우리'라는 주제로 그리겠어요. 그림을 다 그린 후 자기 작품에 대해 발표하는 시간을 갖기로 하겠어요."

아이들은 열심히 자기 가족의 모습을 그렸습니다.

"자, 다 그렸죠? 이제 발표를 해볼까요?"

아이들은 그림을 통해 자신의 가족을 소개했습니다.

이번엔 한나의 차례가 되었습니다.

"집과 우리 그림입니다."

한나는 이 말만 하고는 꿀 먹은 벙어리처럼 우두커니 서 있었습니다.

궁금해진 지니는 한나의 그림을 가만히 들여다보았습니다.

지니가 아는 한나의 가족은 아빠, 엄마, 동생, 한나 이렇게 네 명인데, 자세히 보니 아빠가 빠져 있었습니다.

"한나야. 왜 그림에 아빠가 빠져 있지?"

"아빠는 빠져야 하잖아요."

지니는 이해가 되질 않았습니다.

"집과 우리라는 주제로 그림을 그렸는데 아빠가 왜 빠져야 하니?"

한나는 고개를 점점 숙이며 말했습니다.

"이건 집과 우리를 그리는 것이니까 그렇죠. 아빠는 집에 거의 계시지 않으니까요."

지니는 그제야 한나를 이해할 수 있었습니다. 그리고 퍼뜩 깨달았습니다. 가족이라는 이름이 붙었다고 해서 모두가 진정한 가족은 아니라는 사실을……

마음에 새기는 지혜

가족(Family)이라는 단어의 어원을 아는가?

'아버지, 어머니.

나는 당신을 사랑합니다 (Father, Mother, I love you)'의

각 단어의 글자들을 합성한 것이다.

아무리 사람 사는 방식이 변한다 해도,

하루 일과를 마치고 귀가하여 가족들과 함께하는 시간이

삶에 온기를 불어넣어 준다는 사실은

변하지 않을 것이다.

I love you

스마일 인생

늘 모든 일을 긍정적으로 생각하는 사람이 있었습니다. 그런데 어느 날 그에게 너무도 큰 불행이 닥쳤습니다. 심각한 교통사고를 당한 것입니다.

오랜 수술 끝에 그는 겨우 살아날 수 있었습니다. 그러나 얼굴에 수술 자국으로 생긴 커다란 상처만은 지울 수가 없었습니다. 결국 잘생긴 얼굴에 흉한 상처 자국을 얻은 채 그는 퇴원했습니다.

그런데 이상하게도 그를 만나는 사람들은 그 흉터를 별로 신경 쓰지 않는 듯했습니다. 오히려 사람들은 그의 얼굴이 보기 좋다며 친근감을 드러냈습니다. 그 이유가 궁금해진 친구 하나가 그에게 물었습니다.

"자네 얼굴에 이런 상처가 있는데도 사람들은 왜 자네 얼굴이 보기 좋다고 하는 거지? 자네는 그 상처가 싫지 않은가?"

그는 미소를 지으며 대답했습니다.

"상처라고? 내 얼굴에는 상처가 없네. 단지 스마일 자국이 하나 생겨났을 뿐이네. 어떤가? 다른 사람에게는 없는 이 스마일 자국, 꽤 쓸 만하지 않은가?"

마음에 새기는 지혜

최고로 아름답다고 하는 다이아몬드도 현미경으로 살펴보면 상처투성이다. 삶에서 중요한 것은 무슨 일이 일어나느냐가 아니라 일어난 것을 어떻게 받아들이느냐 하는 것이다. 결점으로 받아들이느냐, 결점이 아닌 장점으로 만드느냐는 당신의 선택에 달려 있다. 당신에게 일어나는 모든 일들을 기쁘게 수용하라. 좋은 생각은 좋은 행동을 낳고, 좋은 행동은 좋은 삶을 만들어준다. 당신이 선택하기만 하면, 당신의 인생이 스마일 인생으로 거듭날 것이다.

진짜 커피

자신은 재능이 하나도 없다며 한탄하는 친구가 있었습니다. 다른 친구들은 공부, 음악, 미술 분야에서 재능을 발휘하고 있는데 자신은 그렇지 못한 것에 늘 실망해 있었습니다.

그 모습을 안타깝게 지켜보던 선생님은 그를 교무실로 불렀습니다. 선생님은 커피 물을 끓이며 대화할 준비를 했습니다. 선생님은 펄펄 끓이지도 않은 물에 설탕을 자그마치 열 스푼이나 넣었습니다.

"선생님, 설탕을 왜 그렇게 많이 넣으세요? 그러면 너무 달아서 못 먹잖아요."

"네가 한번 마셔보겠니?"

학생은 마지못해 한 모금 들이켰습니다. 그런데 참 이상했습니다. 커피를 마셨는데 이상하게도 커피는 달지 않았습니다. 학생은 고개를 갸우뚱거렸습니다.

"이 커피가 왜 달지 않은지 아니? 그건 설탕을 많이 넣고도 젓지 않았기 때문이란다. 마찬가지로, 사람은 누구나 많은 재능을 가지고 있단다. 단지 그 재능을 가만히 놔둘 뿐이지. 이제 네 안에 있는 재능을 한바탕 저어보는 노력을 해보지 않겠니?"

마음에 새기는 지혜

누구나 가슴속엔 무엇이든 가능하게 해주는 마술 램프가 숨어 있다. 마술 램프를 그냥 보잘것없는 램프로 여기고 방치해두는 사람이 있는 반면, 마술 램프의 위력을 알고 그것을 비비며 소원을 비는 사람이 있다.

지금 당신은 가슴속에 마술 램프가 있는지 없는지도 모르는 사람인가? 아니면 간절한 소원을 빌며 마술 램프를 비비는 노력형의 현재진행형 사람인가?

역사책을 펼치는 사람

 늘 성실한 생활 태도로 사람들의 존경을 받아오던 한 사람이 있었습니다. 그 사람은 실패하거나 무언가 힘든 일을 당할 때마다 역사책을 펼쳐 보곤 했습니다. 한 친구가 왜 그런 습관을 가지고 있는지 궁금해서 그에게 물었습니다.
 "여보게, 자네는 왜 괴롭고 힘들 때 꼭 역사책을 보는가?"

그러자 그 사람은 은은한 미소와 함께 대답했습니다.

"역사책에는 험난한 고난의 역사가 수없이 실려 있다네. 역사상 모든 인생의 승리는 결국 고난 뒤에 지레 포기하거나 좌절하지 않는 것에서 나왔다는 사실을 새삼 깨닫게 되지. 괴롭고 힘들 때 역사책을 펴 보면 지금 내가 당하고 있는 문제쯤은 아무것도 아니라는 사실을 알게 된다네."

마음에 새기는 지혜

우리는 삶이라는 이 드라마에 아직 능숙하지 못하다. 하지만 서투를지언정 이 드라마를 만들어가는 데도 하나의 원칙이 있다. 그것은 고난과 실패를 겪었다고 해서 자신의 삶을 함부로 내동댕이치지 않는 것이다. 지금 당신이 겪고 있는 실패와 고난은 어쩌면 당신의 삶에서 가장 소중한 비타민 같은 것일지도 모를 일이기에······.

행복한 인생 제1법칙

 늘 웃고 다니기에 '스마일맨'으로 소문난 사람이 있었습니다. 마을 사람들은 그가 왜 스마일맨으로 불리는지 잘 알고 있었습니다.
 배낭을 메고 세계여행을 하는 한 청년이 그 마을을 지나다가 스마일맨에 대한 소문을 들었습니다.
 "정말 그 사람은 늘 미소가 떠나지 않나요?"
 "네. 그 사람 말로는 자신이 세상에서 가장 행복한 사람이라고 하던걸요?"
 배낭 여행자는 그 스마일맨에 대한 궁금증을 참을 수가 없었습니다.
 '세상이 얼마나 곽곽한데……. 늘 웃고 다닌다고? 어떻게 늘 행복할 수 있단 말이지?'
 배낭 여행자는 스마일맨을 찾아갔고, 스마일맨은 배낭 여행자를 반겨주었습니다.

"오늘 날씨는 어떨 것 같습니까?"

배낭 여행자는 가벼운 질문부터 시작했습니다.

스마일맨이 미소 지으며 대답했습니다.

"내가 좋아하는 날씨가 될 것입니다."

배낭 여행자는 계속 질문을 했습니다.

"당신이 좋아하는 날씨가 될 거라는 사실을 어떻게 알 수 있나요? 당신이 좋아하는 날씨는 어떤 것입니까?"

"제가 좋아하는 것은 지금 내 앞에 펼쳐진 모든 것입니다. 그게 흐린 날씨건 맑은 날씨건 비가 오는 날씨건 나는 그것을 좋아합니다."

배낭 여행자는 머리를 망치로 맞은 것처럼 멍해졌습니다. 그는 스마일맨의 행복 비결을 모두 알았다는 듯 더 이상의 질문 없이 돌아섰습니다. 돌아오는 길에 배낭 여행자는 낮은 목소리로 혼자 중얼거렸습니다.

"저 사람은 자신이 원하는 것을 모두 얻을 수 없다는 진리를 깨닫고, 자신이 가진 것을 좋아하는 법을 깨달은 거야. 그래, 맞아. 행복한 인생 제1법칙! '지금 내가 가지고 있는 것을 좋아하고 즐기기', 바로 이거야!"

> 마음에 새기는 지혜

수학 방정식은 복잡하고 어렵지만,
행복 방정식은 간단하고 쉽다.
가지고 싶은 것을 갖고,
되고 싶은 것이 되고,
하고 싶은 것을 한다고
행복해지는 것은 아니다.
지금의 내 모습,
지금 내 눈앞에 펼쳐진 것들을 좋아하는 것,
이것이 행복 방정식이다.
인생이 이미 나에게 준 것을 사랑하는 것,
그것이 바로 행복이다.

지금 내가 가지고 있는 것을 좋아하고 즐기기.

천사들이 들어갈 수 없는 곳

하늘나라 천사들이 모여 한바탕 수다를 벌였습니다. 어느 마을에 가서 누구를 도와주었다느니, 사람들에게 얼마나 많은 감동을 주고 왔다느니, 저마다 자랑하는 데 여념이 없었습니다.

지구라는 땅의 커다란 도시에서 구석진 외지까지, 천사들은 모든 곳을 방문해서 신이 준 아름다운 선물을 인간들에게 나누어주었지만, 방문하지 못한 곳도 있었습니다. 아니, 찾아가지 못한 곳이 아니라, 방문했으나 천사들의 출입을 막은 곳이었습니다.

천사들이 도무지 오갈 수 없는 강력한 기운, 천사들이 결코 비집고 들어갈 수 없는 부정의 기운을 가진 사람들의 마음속이 바로 그곳입니다.

실패는 성공의 가장 좋은 재료라는 사실을 잊고 절망과 동의어라고 믿는 마음, 자신이 불행한 모든 이유가 돈과 배경에 있다고 믿는 마음, 노력의 씨앗을 사소한 것으로 치부하고 기대의 풍

선만 자꾸 부풀리는 마음, 은근과 끈기의 가마솥 기질을 외면하고 운과 요행의 즉석 요리 기질에 의존하는 마음……. 그런 마음을 가진 사람들에게는 천사들도 들어가지 못했던 것입니다.

마음에 새기는 지혜

지금 당신은 어떤가? 지금 당신은 천사들을 반길 마음으로 살아가고 있는가?

마음은 자석과도 같다. 부정적인 마음에는 성공과 운을 튕겨버리는 성질을 가지고 있다. 반면, 긍정적인 마음에는 성공과 운을 자동적으로 끌어오는 자석의 성질을 가지고 있다. 못난 마음, 부정적인 마음, 나쁜 마음은 가슴속에서 분리수거하여 전부 쓰레기통에 버려라. 마음가짐이 곧 내 인생이라는 자서전의 내용이 됨을 명심하라.

나는 지금 어디로 가고 있는가?

한 청년이 고개를 땅바닥에 떨군 채 아무 생각 없이 뚜벅뚜벅 걷고 있었습니다. 지하철을 타기 위해 동전을 찾았지만, 때마침 동전이 다 떨어진 상태였습니다. 청년은 무의식적으로 개찰구로 가서 역무원에게 1,000원짜리 지폐 두 장을 내밀었습니다. 그러자 역무원이 청년에게 물었습니다.

"어디까지 가세요?"

순간 청년은 당황한 표정으로 머뭇거리다가 무슨 죄라도 지은 듯 뒤돌아섰습니다. 역사 밖 계단을 올라가면서 청년은 진지하게 이런 자문을 했습니다.

'지금 나는 대체 어디로 가고 있는가? 지금 나는 어디를 가려고 이렇게 바동대며 살아가고 있는가?'

마음에 새기는 지혜

우리가 생을 마감할 때 받게 될 질문은 '너는 왜 세상을 뒤흔들지 못했느냐?', '너는 왜 최고가 되지 못했느냐?'가 결코 아니다. 그 아름답고 고귀한 순간의 유일한 질문은 단 한 가지다. 바로 '너는 왜 너 자신이 되지 못했느냐?'이다.

내가 누구이며, 내가 가야 할 길은 어디며, 왜 그 길을 가는지 분명히 알고 있는 사람, 그런 이가 참 아름다운 사람이다.

나는 지금 어디로 가고 있는가?

끝내는 사람

물리학의 대가가 있었습니다. 그는 늦은 나이에 새로운 물리학 이론을 발견해서 학문적으로 대단히 인정을 받았습니다.

처음에 그는 거의 주목받지 못했을 뿐만 아니라 다른 대부분의 교수와 달리 유명한 대학 출신도 아니었습니다.

사람들은 그의 성공을 바라보며 전부 의아해했습니다.

한 기자가 그를 찾아가 학문적인 성공을 거둘 수 있었던 이유를 진지하게 물었습니다. 물리학자는 별 다른 비결은 없다며 손사래를 쳤습니다. 하지만 기자는 분명히 특별한 이유가 있을 것이라고 생각했습니다.

"좋습니다, 교수님. 교수님 말씀대로 특별한 비결이 없다고 치죠. 교수님이 다른 사람들과 다른 점 하나가 있다면 그것은 무엇입니까?"

물리학자는 그 질문에 대뜸 이렇게 말했습니다.

"딱 하나 있습니다. 그것은 '시작하는 사람보다는 끝낼 줄 아는 사람이 되자'라는 말을 내 가슴속에 늘 품고 살았다는 점입니다."

마음에 새기는 지혜

성공을 꿈꾸는 대부분의 사람은 꼭 성공하겠다는 열정을 가지고 있다. 그래서 성공을 꿈꾸는 대부분의 사람은 열심히 노력한다. 그런데 대부분의 사람은 시작은 하되, 끝맺지 못하고 중도에 포기하고 만다.

마음은 누구나 먹는다. 시작은 누구나 한다. 그렇지만 끝낼 줄 아는 사람은 드물다. 그것이 세상에 수많은 실패가 존재하는 이유다.

희망을 보는 사람

갑작스러운 교통사고로 장애인이 되었지만 세계 최고의 문학가가 된 사람이 있었습니다.

어느 날 그의 집에 독자들이 찾아왔습니다. 사람들은 그의 집 마루에서 특이한 그림 하나를 발견했습니다. 거세게 몰아치는 폭풍우와 파도 그림이었는데, 배경은 온통 암흑으로 채워져 있었습니다. 그리고 구석에는 파도에 휩쓸려 아슬아슬한 상태에 놓인 조그만 돛단배가 있었습니다. 그 배 안에서 한 사람이 망망대해 위 하늘에 떠 있는 별 하나를 애타게 바라보고 있었습니다.

"저 그림이 바로 오늘의 나를 있게 해준 그림입니다."

독자들은 작가의 말에 고개를 갸우뚱거리며 물었습니다.

"그게 무슨 말씀이시죠?"

"갑작스러운 교통사고 때문에 자살까지 생각할 정도로 나는 참 많은 것을 잃어버렸지요. 그런데 단 한 가지만은 잃어버리지 않았습니다. 그것은 바로 희망입니다."

마음에 새기는 지혜

인생의 마지막 날까지 단 한순간도 놓지 말아야 할 인생의 다이아몬드, 세상의 모든 사람이 적용해야 할 성공의 방정식이 있다. 그것은 어느 시간, 어느 상황, 어떤 때라도 희망을 잃지 않는 것이다.

인생의 제1법칙은 희망을 잃지 않는 것이다.

인생의 제2법칙은 그 어떤 어려운 순간에도 인생의 제1법칙을 잊지 않는 것이다.

최고의 값어치를 지닌 그림

 세계 최고의 명화 두 점을 남기고 죽은 화가가 있었습니다. 그 두 작품은 화가가 죽은 지 100년이 지나서야 발견되었습니다. 그래서 그 값어치는 매우 높았습니다. 두 작품은 경매에 붙여졌고 수많은 사람이 경매에 참여했습니다. 경매 결과, 한 사람에게 두 작품이 모두 낙찰되었습니다.

 두 명화가 전달되는 광경을 지켜보며 사람들은 모두 그를 부러워했습니다. 그런데 그때 명화의 새 주인이 된 사람이 갑자기 그림 하나를 찢어버렸습니다. 사람들은 경악했습니다. 어리석다고 손가락질까지 하는 사람도 있었습니다.

 경매장을 빠져나오면서 그의 친구가 물었습니다.

 "자네, 정신이 어떻게 된 것 아닌가? 왜 그 귀한 그림 하나를 찢은 거야?"

 그 사람은 회심의 미소를 지으며 말했습니다.

 "이제 이 화가의 그림은 세상에 하나뿐이네. 세상에 하나뿐인 것은 그 값어치가 두 개일 때와는 비교가 되지 않네. 두고보게. 두 그림을 산 가격보다 세상에 하나뿐인 이 그림의 가격이 훨씬 더 높아질 테니까. 비록 비싼 값의 그림이지만 찢어버린 이유가 거기에 있네."

일주일 후, 그 그림은 부르는 게 값이 되어 있었습니다.

마음에 새기는 지혜

나만 모르고 있다, 내가 얼마나 위대한 존재인지를……. 나만 인정하지 않고 있다, 내가 충분히 가치 있는 존재라는 사실을…….

나 자신은 세상에서 유일무이한 존재라는 사실을 이제 인정하고 받아들여라.

세상에서 단 하나뿐인 것은 최고의 가치를 지닌다. 이 사실을 당신은 지금 간과한 채 살아가고 있지는 않은가?

이 세상에 단 하나뿐인 존재인 당신이야말로 최고의 가치를 지닌 사람이다. 나 자신을 사랑하고 나 자신의 가치를 과소평가하지 않는 것, 이것이야말로 행복을 도출하는 가장 기본적인 인생 공식이다.

Chapter 2
여름

입장료는 공짜

아무것도 가지지 못한 남자가 있었습니다. 그는 돈 한 푼 없었으며 집도 없었을 뿐만 아니라 제대로 된 옷 한 벌도 없었습니다. 처량하게 길을 걸어가던 남자가 길거리 벽에 붙어 있는 광고를 우연히 보았습니다.

'최고의 음식, 최고의 술, 최고의 숙박 시설이 완비된 곳. 입장료는 공짜!'

남자는 당장 그곳으로 달려갔습니다. 그곳에서 남자는 음식을 실컷 먹고, 술도 실컷 마셨습니다. 자기 마음대로 시간을 보내고 즐길 수 있는 그곳은 한마디로 천국이었습니다.

그러나 시간이 흐를수록 남자는 점점 지겨워졌습니다. 남자는 그곳을 나가려고 출구로 갔습니다. 그런데 출구 앞에는 덩치 큰 사람 하나가 몽둥이를 들고 서 있었습니다. 남자가 밖으로 나가려고 하자 출구를 지키는 사람이 앞을 막아섰습니다.

"충분히 즐겼나요? 이제 그만큼 즐겼으면 대가를 치러야죠?"

남자는 황당한 표정을 지었습니다.

"무슨 소리입니까? 입장할 때 분명히 공짜라고 하지 않았습니까?"

출구를 지키는 사람은 피식 웃으며 말했습니다.

"물론 입장료는 공짜죠. 하지만 여기는 퇴장료를 받고 있습니다. 세상에 공짜가 어디 있습니까? 기쁨을 맛보았으면 그에 걸맞은 대가를 치러야 하는 게 세상의 법칙이지요!"

마음에 새기는 지혜

인생은 하나의 거대한 상점이다. 이 상점에는 많은 상품이 진열되어 있다. 이 안에서 우리는 원하는 것을 마음대로 가질 수 있다. 하지만 이 상점에는 한 가지 법칙이 있다. 바로 원하는 것을 얻으려면 반드시 대가를 치러야 한다는 것이다. 좋고 귀한 것은 우리에게 그만큼 더 큰 대가를 요구하는 법이다.

'세상에 공짜란 없다! 더 좋은 것을 얻기 위해서는 더 많은 대가를 치러야 한다.'

인생이라는 이 상점의 법칙에 충실한 당신이 되기를······.

오뚝이를 선물하는 사람

무수한 실패를 이겨내고 음식 체인점을 성공시킨 사람이 있었습니다. 음식점을 경영하며 수없이 실패했던 그였지만, 결국 사람들이 체인점을 열기 위해 줄을 서서 기다려야 할 정도로 큰 성공을 거둔 것입니다.

장사를 하다가 실패한 사람들이 그의 성공 비결을 듣기 위해 몰려들었습니다. 그는 아무 말 없이 포장지에 쌓인 선물 하나를 내밀었습니다. 집으로 돌아가 그 선물을 풀어본 사람들은 모두 고개를 끄덕였습니다. 그의 비서는 도대체 그 선물이 무엇인지 궁금했습니다.

"사장님, 포장지 속에 그 선물이 도대체 무엇인가요?"

사장은 미소를 지으며 말했습니다.

"응, 그 안에 든 건 오뚝이야. 어느 방향으로, 어떻게 넘어지든 다시 일어서는 장난감 말이야. 나는 남들보다 더 노력했고, 손님에게 지극정성을 다했지. 별별 방법을 다 동원했지만 계속 실패를 거듭했지. '난 안 돼!' 하며 모든 것을 포기하려는 순간, 아내가 나에게 오뚝이를 선물하더군. 그래서 마음을 고쳐먹었지. '한 번만 더 해보자'라고 말이야. 그랬더니 결국 성공하더군."

싱긋이 웃는 비서를 향해 사장은 몇 마디를 덧붙였습니다.

"살아가는 동안 넘어지는 일은 수없이 많네. 그때 오뚝이처럼 다시 일어서는 사람에게 주어지는 게 성공이라네. 자네도 가슴속에 항상 오뚝이를 세워두게."

마음에 새기는 지혜

실패는 넘어지는 게 아니라 넘어진 채 그대로 있는 것이다. 실패란 다시는 할 수 없음을 각인시키는 절망의 경고가 아니라, '이번 한 번만' 더 하면 성공할 수 있음을 알려주는 희망의 사인이다.

인생 10단들이 공통적으로 강조하는 한자성어는 칠전팔기(七顚八起)다.

'실패=포기'인가, '실패=다시 한 번'인가?

당신의 인생 수첩에 씌어 있는 삶의 공식은 둘 중 어느 쪽인가?

노력하는 영혼

한 어부가 있었습니다. 그는 늘 최고의 어부가 되겠다는 꿈을 간직하고 있었습니다. 최고의 어부가 된다는 것은 가장 많은 물고기를 잡겠다는 말입니다. 하지만 그는 그런 어부와 거리가 멀었습니다.

'왜 나는 안 되는 것일까?'

생각에 잠긴 그에게 한 사람이 다가와 한심하다는 듯 말했습니다.

"이 사람아! 자네는 왜 그렇게 어리석은가? 어디 물고기가 아무런 준비 없이 잡히는가? 맨손으로 물고기를 잡을 수는 없는 노릇 아닌가? 물고기를 잡으려면 최소한 어망을 짜는 노력쯤은 해야 하는 것 아닌가?"

마음에 새기는 지혜

기회는 언제나 달리고 있는 영혼에게만 찾아온다. 기회는 언제나 부지런히 움직이고 있는 손에만 잡히는 법이다. 생각만 하고 준비하지 않는 자에게는 뒷모습만 보이고 휑하니 내빼는 것이 기회다.

늘 찾아오지는 않는 삶의 기회, 어느 날 기별 없이 갑자기 나타났다가 일순간에 사라지는 기회……. 삶에서 불쑥불쑥 찾아오는 이런 기회를 잡기 위해 매사 노력하는 영혼으로 예비하라. 준비 없이 멍하니 기다리고만 있다가는 기회를 듣지도 보지도 못했다고 한탄만 하는 숱한 사람들 중 한 명이 될지도 모를 일이다.

밋밋한 길 달리기

학창 시절, 야구 선수로 활약한 사람이 있었습니다. 그는 뛰어난 선수였지만 허리 부상으로 고등학교 때 운동을 그만두어야 했습니다.

중학교 1학년 수준의 영어도 이해하지 못하는 그를 두고, 사람들은 인생의 실패자라고 수군거렸습니다. 하지만 그는 재수 과정을 거쳐 여봐란듯이 일류대학에 진학했습니다. 물론 그는 우수한 성적으로 졸업한 뒤 초일류 기업에 입사했고, 이내 성공 가도를 달렸습니다.

특이한 경력 덕분에 그의 이야기는 활자화되었습니다. 그는 책에서 자신의 성공 비결을 간단한 말로 요약했습니다.

'밋밋한 길을 열심히 달리기.'

그는 출판기념회에서 그 성공 비결을 이렇게 설명했습니다.

"처음 야구를 그만두었을 때, 저는 인생의 실패자가 되었다고 생각했습니다. 게다가 실패는 인생의 낭떠러지라고 생각했지요. 하지만 인생이라는 땅에는 결코 낭떠러지가 없었습니다. 그저 거기에는 너무나 밋밋한 길만 있을 뿐이었습니다. 실패는 아주 밋밋한 내리막길일 뿐이었고, 성공 또한 아주 밋밋한 오르막길일 뿐이었습니다. 실패 위에 서 있었지만 조금만 더 달려가면 성공이라는 길 위에 설 수 있다는 것을 알게 되었지요. 그래서 영어 단어 하나 모르는 저에게 배움의 길은 느리고 더뎠지만, 포기하지 않고 계속 공부에 매달렸습니다. 밋밋한 길을 포기하지 않고 열심히 달려가는 것은 세상의 그 어떤 공식보다도 훌륭한 성공 방정식이었습니다."

마음에 새기는 지혜

인생에는 성공의 승강기도, 실패의 낭떠러지도 없다. 성공도, 실패도 늘 거북이걸음으로 가야 하는 길일 뿐이다. 성공에 지나치게 들뜨지 말고, 실패에 너무 쉽게 절망하지 말아야 한다. 그것이 우리에게 주어진 인생의 마라톤 길이다.

잊지 마라. 느리고 더딘 인생의 길 위에서 지금도 내 삶은 현재진행 중이라는 사실을……

절대 미뤄서는 안 될 일

한창 성공가도를 달리는 사업가가 있었습니다. 사업 성공으로 돈을 많이 번 그였지만, 인간관계에서만큼은 이상할 정도로 번번이 실패했습니다. 무엇이 잘못된 것일까? 그는 이렇게 살아서는 안 되겠다는 생각으로 고등학교 시절 담임선생님을 찾아갔습니다.

그의 이야기를 잠자코 들은 선생님은 학생 때의 그를 떠올리며 제자에게 진심 어린 충고를 해주었습니다.

"애야, 너는 삶에서 진정으로 미뤄서는 안 될 것들을 미루고 있는 것 같구나. 미뤄서는 안 될 것들이 우리 인생에 많이 있지만, 그중에서도 특히 미루지 말아야 할 것들이 몇 가지 있지."

그가 물었습니다.

"그게 뭡니까, 선생님?"

"첫째, 빚을 갚는 일이지. 누군가가 내게 보내준 미소에 화답하는 일, 다른 사람에게서 받은 도움을 되갚는 일 같은 것 말이야. 그런 빚을 갚는 일은 절대로 미뤄선 안 돼."

"두 번째는 무엇입니까?"

"두 번째는 용서를 구하는 일이다. 사람들은 자기 잘못으로 어떤 사람과의 관계가 소원해질 때 늘 상대방이 먼저 화해의 손을 내밀기를 바라지. 그건 옳지 않아. 당연히 내가 먼저 용서를 구해야 해. 생각해보렴. 그렇게 하지 않기 때문에 지금 우리가 얼마나 많은 것을 잃고 있는지를……."

"그렇다면 마지막은 무엇입니까?"

"이건 절대 미뤄서는 안 될 가장 중요한 일이다. 바로 사랑을 고백하는 일이다. 표현하지 않고 담아두기만 하는 사람의 마음은 안타까움만 줄 뿐이지. 사랑을 고백하는 일, 이것은 네가 살아가는 동안에 절대로 미뤄서는 안 될 일이다."

마음에 새기는 지혜

표현할 줄 아는 당신의 사랑은 상대방의 심장에 북소리 같은 강한 울림을 남긴다. 적극적으로 표현하라. '고맙다', '미안하다', '사랑한다' 등등의 말들에는 우리 삶을 더욱 따뜻하게 해주고 관계의 끈을 굳건히 조이는 마법의 힘이 들어 있다.

다시 3분이 주어진다면

전쟁터에 나간 아들의 전사 소식에 어머니는 넋이 빠져 있었습니다. 그 무엇보다도 소중한 아들의 죽음에 절망한 어머니는 기도했습니다.

"제발 저의 아들을 단 삼 분만이라도 다시 보게 해주십시오. 제발……."

너무도 간절한 기도에 감동한 신이 물었습니다.

"지금 그대의 아들을 단 삼 분만 볼 수 있다면 언제 때 아들의 모습을 보고 싶은가? 백점 맞은 시험지를 들고 있는 아들의 모습인가? 당당하게 대학에 합격하던 아들의 모습인가? 아니면 다른 사람들의 칭찬을 받고 있는 아들의 모습인가?"

한참 동안 생각에 잠긴 어머니는 이렇게 말했습니다.

"그 순간들도 좋은 순간이었지만 제가 지금 가장 보고 싶은 것은 언젠가 남의 물건을 훔쳐 경찰서에 잡혀 있던 아들의 모습입니다. 그때 제 아들은 무척이나 겁을 먹었고 힘들어하고 있었습니다. 그때로 다시 돌아가 제 가슴에 품은 손수건으로 아들의 눈물을 닦아주고 싶습니다."

마음에 새기는 지혜

온 세상이 나를 외면하며 손가락질할 때, 내 곁에 있던 모든 사람이 떠나고 홀로 남게 되는 그 순간에 가장 가까운 곳에서 눈물 흘려주는 사람, 부모님…….

오늘은 입 밖으로 나오지 못하고 늘 마음속으로 품어오기만 한 그 말을 당신 앞에 선물해야겠다.

"사랑합니다."

3대 액체 사용법

'성공의 신'이 깊은 산골에 숨어 살고 있었습니다.

사람들 사이에는 그 신이 '공짜로 성공에 이르는 비결'을 가르쳐준다는 소문이 났습니다.

험한 산임에도 불구하고 수많은 사람이 찾아와 '성공의 신'에게 자문을 구했지만 그 신은 웬만해서는 그 비결을 알려주지 않았습니다. 다만, 정말로 간절하게 바라는 사람에게만 그 비결을 가르쳐주었습니다. 하지만 말하기 전에 꼭 이런 말을 덧붙였습니다.

"이것은 공짜로 성공에 이르는 길이다. 이 방법을 꼭 사용하라는 것은 아니다."

신은 남들이 들을 것을 염려하여 꼭 귓속말로만 말해주었습니다.

그런데 주목할 만한 것은 그 비결을 들은 사람들의 반응이 명확하게 두 가지로 나뉜다는 점이었습니다.

한 부류의 사람들은 세상의 모든 진리를 얻었다는 듯 펄쩍펄쩍 뛰며 기뻐했고, 또 다른 한 부류의 사람들은 한참 동안 곰곰이 생각하다가 그렇게 하지 않겠다며 고개를 가로젓고는 다시는 '성공의 신'에게 자문을 구하지 않았습니다.

30년이라는 시간이 흐른 후, '성공의 신'은 자기에게 조언을 들었던 사람들이 어떻게 되었는지 신하에게 알아보라고 했습니다. 결과는 놀랄 만했습니다.

세상의 진리를 다 알았다는 듯이 기뻐하던 사람들은 모조리 비참한 말로를 맞아 좌절해 있었고, 가르쳐준 비법에 고개를 흔들며 돌아갔던 사람들은 모두 평온한 황혼을 즐기고 있었습니다.

'성공의 신'을 보좌하던 신하는 놀라움을 금치 못했으나 '성공의 신'은 그것이 너무도 당연한 결과라는 듯 담담히 고개를 끄덕였습니다.

신하가 물었습니다.

"도대체 어떻게 된 것입니까? 왜 이런 결과가 나오게 되었습니까?"

"내가 가르쳐준 성공의 방법은 '공짜로 성공에 이르게 하는 법'이었잖느냐. 그 성공에는 3대 액체가 들어가지 않아도 되는 말 그대로 공짜 성공이었다. 공짜 성공은 모래성 같은 성공이다. 당장은 커다란 성처럼 쌓이지만 가벼운 파도에도 무너지고

마는 그런 성공인 셈이지. 그들은 모르고 있었던 것이지. 공짜로 이룬 성공의 끝은 인생을 망치는 문과 연결되어 있다는 것을……. 그대도 이 사실을 잊지 말아야 할 것이다. 피와 땀과 눈물, 이 3대 액체 없이 '공짜로 이룬 성공'은 손안에 쥔 모래 같은 성공일 뿐이라는 것을 말이다."

마음에 새기는 지혜

인생은 바구니다. 바구니에 많은 것을 담으면 담을수록 더 많은 것을 집으로 들고 갈 수 있다. 그렇지만 그 바구니에는 단점이 하나 있다. 가만히 기다리고만 있어서는 그 바구니를 채울 수 없다는 점이다. 바구니에 담기 위해 땀을 흘려야 하고, 힘들어 울기도 해야 하고, 담다가 다쳐서 피도 흘려야 한다. 인생의 바구니를 채울 방법은 인생의 3대 액체를 사용하는 것뿐이다. 기억하라. 인생의 3대 액체를 많이 흘릴수록 최고의 것을 얻을 수 있다는 사실을…….

간절한 꿈 하나

대학 시험 낙방으로 절망에 빠진 젊은이가 있었습니다. 마지못해 재수 학원에 등록을 하고 다시 입시 공부를 시작했지만 그는 이미 지독한 패배감에 젖어 있었습니다.

수업을 받기 위해 학원으로 간 그는 놀라운 장면을 목격했습니다. 하얗게 머리가 센 노인 한 분이 앉아 정말로 열심히 수업을 듣고 있는 것이었습니다. 며칠이 지나도 노인은 여전히 공부 삼매경에 빠져 있었습니다.

'저토록 연로한 나이에 입시 공부를 한다고?'

호기심이 생긴 젊은이는 노인에게 다가가 물었습니다.

"할아버지, 나이도 많으신데 왜 공부를 하세요? 지금 공부해서 대학에 가실 수는 있겠어요?"

노인은 말했습니다.

"나이가 많다고? 나는 아직 젊다네. 사람은 나이가 들어서 늙는 것이 아니라 꿈을 잃으면서 늙는 거라네. 자네는 지금 간절한 꿈이 있는가?"

젊은이는 노인의 질문에 아무런 대답을 하지 못하고 고개를 돌렸습니다.

"여보게, 젊은이. 인간이 저지르는 죄 중에 가장 큰 죄는 자신을 과소평가하는 거라네. 자네도 절망이라는 독약 대신에 꿈이라는 비타민을 복용하길 바라네."

마음에 새기는 지혜

당신은 당신이 생각하는 것보다 더 대단한 존재다. 당신은 당신이 믿고 있는 것보다 더 위대한 존재다. 간절한 꿈 하나를 늘 가슴에 심고 살아가라. 당신은 그것을 충분히 해낼 능력을 지닌 가능성의 존재다.

구멍 난 바지주머니

바지 한쪽 주머니에 늘 구멍을 내고 다니는 사람이 있었습니다. 그는 사람들이 하는 이야기를 늘 메모지에 적는 특이한 습관을 가지고 있었습니다. 그는 참으로 행복하게 살아가는 듯했습니다. 그의 친구가 물었습니다.

"자네는 왜 한쪽 주머니에 구멍을 내고 다니고, 또 사람들이 자네에게 하는 이야기를 메모지에 적는 건가? 또 자네는 왜 늘 그렇게 행복해 보이는 건가?"

그는 미소를 지으며 이렇게 말했습니다.

"나는 오른쪽 주머니는 그대로 두고 왼쪽 주머니는 구멍을 뚫고 다니네. 나는 사람들이 하는 이야기 중에서 칭찬이나 아름다운 이야기, 친절한 이야기 같은 것은 오른쪽에 넣어두네. 그리고 욕설이나 비난 같은 것들은 적어서 왼쪽 주머니에 넣어버리네. 그러고는 집으로 돌아가서는 주머니에 들어 있는 것들을 꺼내어 보네. 언제나 오른쪽 주머니에는 많은 말들이 들어 있지만 왼쪽 주머니에는 아무것도 남아 있지 않지. 좋은 일, 좋은 것을 기억하고 나쁜 일, 나쁜 말은 잊어버리는 것! 그것이 내가 행복하게 세상을 살아가는 방법이라네."

마음에 새기는 지혜

행복과 친한 사람이 있다. 불행과 친한 사람이 있다. 행복과 불행은 늘 같이 붙어 다니는 쌍둥이다. 그러므로 인생을 살면서 행복만 누릴 수는 없다.

다만, 인생을 마술 램프처럼 다룰 필요가 있다. 램프를 문지르며 주문을 외우는 것처럼 우리가 행복을 생각하고 행복을 주문하면 어김없이 행복이 나타난다. 반면, 불행을 떠올리고 불행을 주문하면 어김없이 불행이 나타난다.

행복을 생각하고 행복을 불러내어 행복과 함께 잠자리에 들어라. 그런 당신의 이름이 곧 행복이다.

가면 속의 얼굴

잠들면 늘 이상한 꿈을 꾸는 사람이 있었습니다. 꿈속에서 가면을 쓴 사람이 나타나서 걸핏하면 자신의 행복을 훔쳐가는, 기억조차 하기 싫은 꿈이었습니다.

즐겁고 기쁜 순간에도 그 가면의 사내만 나타나면 모든 즐거움이 사라지고 순식간에 불안과 걱정이 휘몰아쳤습니다. 별스

럽지 않은 일에도 그 사내만 나타나면 사람들에게 화를 벌컥 냈습니다. 더 이상 참을 수가 없었습니다. 어느 날 드디어 참고 참았던 감정이 폭발하여 그는 결국 가면 쓴 사람의 가면을 벗겨내며 소리쳤습니다.

"도대체 당신은 누구이기에 이렇게 나의 행복을 방해하며 괴롭히는 겁니까?"

그런데 그 가면 뒤의 얼굴은 바로 자기 자신이었습니다. 너무도 놀란 그는 넋을 잃은 채 중얼거렸습니다.

"나를 가장 괴롭혔던 사람은 다른 그 누구도 아닌 바로 나였구나!"

마음에 새기는 지혜

나보다 더 나를 사랑하는 사람은 없다. 또한 나보다 더 나를 괴롭히는 사람은 없다. 스스로를 과소평가하거나 괴롭히지 않고, 자기 자신을 좀 더 애정 어린 눈길로 보는 것. 그것이야말로 당신의 인생을 더욱 아름답게 만들어주는 행복의 초인종일 것이다.

나의 등을 보는 마음

많은 사람에게 깊이 존경받는 정치가가 있었습니다. 그는 특별히 정치적 이벤트를 벌인 적도 없고 언론의 특별한 스포트라이트를 받은 적도 없지만, 그를 아는 사람들은 그를 칭찬하기에 바빴습니다. 그런 칭찬들은 서서히 그의 능력으로 인정받기 시작했고, 그는 어느새 사람들이 존경하는 최고의 정치인이 되었습니다.

한 신문기자가 그의 성공 요인을 분석하기 위해 취재를 시작했습니다. 하지만 별다른 비법을 발견하지는 못했습니다. 기자는 할 수 없이 그를 찾아가 물었습니다.

"도대체 당신의 성공 요인은 무엇입니까? 당신은 왜 사람들에게 존경받는 것입니까?"

"글쎄요?"

정치가는 한참을 생각했습니다.

"잘은 모르겠지만 늘 '나의 등을 보는 마음'으로 살아왔기 때문이 아닌가 하는 생각이 듭니다."

"나의 등을 보는 마음이라고요? 그게 도대체 무엇입니까?"

정치가는 찬찬히 설명했습니다.

"기자님은 자신의 등을 한번 보십시오. 잘 보입니까? 다른 사람의 등은 잘 보이지만 나의 등은 보이지 않을 것입니다. 삶도 이와 마찬가지입니다. 사람들은 다른 사람의 결점은 잘 보지만, 스스로의 결점은 잘 보지 못합니다. 누구에게나 결점이나 단점은 다 있습니다. 그러므로 다른 사람의 결점이나 단점을 함부로 말해서는 안 됩니다. 다른 사람의 결점이나 단점을 말하고 싶을 때마다 나는 '나의 등을 보는 마음'으로 내 입과 마음에 지퍼를 닫아왔습니다."

마음에 새기는 지혜

사람은 누구나 두 개의 주머니를 달고 살아간다. 다른 사람의 결점은 내 몸 앞에 달고, 나의 결점은 내 등 뒤에 달고 있는 것이다. 이제 그 주머니의 위치를 바꾸는 당신이 되어라.

자신의 결점에는 눈이 어둡고, 다른 사람의 결점에는 현미경처럼 눈이 밝은 사람, 그런 어리석은 사람은 실패라는 인생의 종착지에 빨리 이르게 될 것이다.

성공의 사다리

성공에 대한 강력한 의지를 가지고 있었지만 늘 일이 뜻대로 풀리지 않는 사람이 있었습니다. 그는 자기가 다른 사람에 비해 모자라다는 생각을 전혀 하지 않았습니다.

그는 지혜로운 성자를 찾아가 물었습니다.

"도대체 성공하려면 어떻게 해야 합니까?"

성자는 그를 자신의 집 안으로 데려갔습니다. 그의 집 천장에는 휘황찬란한 보석들이 장식되어 있었습니다. 성자는 그 사람에게 사다리 두 개를 들고 와 원한다면 천장에서 저것을 따 가져가라고 했습니다. 그런데 사다리 두 개 중 하나는 못질도 엉성하고 길이가 너무 짧아 천장까지 미치지 못했고, 하나만이 천장에 충분히 닿을 수 있을 만큼 길었습니다.

그가 긴 사다리를 사용하려고 하자 성자는 말했습니다.

"자네는 아직 이 사다리를 사용할 수가 없네."

그가 항의를 하였고 성자는 사다리에 붙어 있는 이름을 보여주었습니다.

짧고 불완전한 사다리에는 이렇게 적혀 있었습니다.

'다른 사람과의 경쟁에서 이긴 사람을 위한 성공의 사다리.'

길고 튼튼한 사다리에는 이렇게 적혀 있었습니다.

'자기 자신과의 싸움에서 이긴 사람을 위한 성공의 사다리.'

지혜로운 성자가 말했습니다.

"성공의 사다리는 자기 자신과의 싸움에서 이긴 사람만이 오를 수 있는 것이라네. 지금 자네는 다른 사람과의 경쟁에서는 이기고 있지만 아직 자신과의 싸움에서는 이기지 못하고 있네. 지금부터라도 자신과의 싸움에서 이길 수 있도록 더욱 열심히 노력하게. 그러면 인생의 소중한 보석은 전부 자네 것이 되네."

마음에 새기는 지혜

모든 중요한 싸움은 우리 자신 안에서 벌어진다. 세상 모든 사람을 이기더라도 나 자신을 이기지 못하는 사람은 가장 중요한 경기에서 패배한 것과 다름없다. 세상에서 가장 아름다운 모습은 자신과의 싸움에서 이기는 것이다. 지금은 그런 내가 되기 위해 스스로에게 보내는 격려의 박수가 필요할 때다.

웃는 일이 취미인 사람

한 해의 마지막 날. 망년회에 모인 사람들이 새해 계획을 적어 서로에게 보여주기로 했습니다. '좀 더 열심히 살아야겠다', '돈을 많이 벌겠다' 등 사람들은 여러 가지 계획을 서로에게 보여주며 이야기를 나눴습니다. 그런데 유독 한 사람의 특이한 계

획이 눈길을 끌었습니다. 그의 계획표에는 이렇게 적혀 있었습니다.

'나는 올해 이것을 많이 사용하리라. 이것은 비용이 들지 않지만 효과는 크다. 이것은 주는 사람에게도, 받는 사람에게도 기쁨을 준다. 힘든 사람에게는 휴식을 주고, 고통받는 사람에게는 위안을 주고, 가정에는 행복을 주고, 일에는 활력을 준다. 이것은 일상생활의 모든 해로움을 없애주는 치료제다.'

사람들은 모두 도대체 그것이 무엇인지 궁금해서 그 사람에게 물었습니다. 그 사람은 짧게 대답했습니다.

"네. 그것은 웃음입니다. 올해는 이 웃는 일을 나의 취미로 할까 합니다."

마음에 새기는 지혜

웃음은 모든 걱정을 치료해주는 백신이며, 인생에 활력을 주는 비타민이다. 한 해의 첫날을 환한 웃음으로 열어라. 한 달의 시작을 환한 웃음으로 시작하라. 하루의 스타트를 웃음으로 끊어라. 그로 인해 당신이 맞이하는 새날의 인생은 한 단계 업그레이드될 것이다.

슬픔의 마을에 사는 사람

 삶이 불행하다고 믿는 사람들이 모여 사는 '슬픔의 마을'이 있었습니다. 이 마을에 모여 사는 수많은 사람에게는 공통점이 있었습니다. 그것은 '모든 일을 부풀려 말한다'는 것이었습니다. '타인이 한 잘못을 부풀려 말하기', '거짓을 진실이라고 얼굴색도 변하지 않고 부풀려 말하기', '강자의 약점을 장점이라고 호들갑스럽게 부풀려 말하기', '약자의 장점을 무참히 깔아뭉개며 부풀려 말하기' 등등…….

 우연히 그 마을을 지나게 된 나그네는 아무리 생각해도 궁금증이 풀리지 않았습니다. 그들의 주무기인 '부풀려 말하기'는 상대방을 불행하게 만드는 말들인데 왜 그 마을 사람들은 스스로 불행한 삶을 선택해서 살고 있는 것인지…….

 며칠 간 그 마을에 머문 나그네는 비로소 그 의문에 고개를 끄덕일 수 있었습니다. 이들에게는 또 다른 하나의 공통점들이 있었던 것입니다. 그것은 모든 일을 '부풀려 말하기'와 마찬가지로 자신의 삶 또한 '더 부풀려 불행하다'고 생각하는 철석같은 믿음이었습니다.

마음에 새기는 지혜

당신은 너무 쉽게 절망하지 않는가? 부풀려 아파하고, 부풀려 힘들다고 믿고 있는 것은 아닌가? 이제 발상의 전환을 하자. 나에게 있는 불행을 날려버리고, 내 안의 모든 행복들을 부풀려 보자.

그렇게 행복을 부풀려 생각하면서 휘파람으로 하루를 살아가라. 그러다 보면 마음에 햇살이 들어오고, 행복도 나의 친구라는 사실을 절감하게 될 것이다.

nowhere와 now here

가난한 집안에서 태어난 형제가 있었습니다. 같은 집, 같은 환경에서 자란 두 사람은 어른이 되어 너무도 다른 삶을 살게 되었습니다. 형은 걸인 신세를 면하지 못했지만 동생은 박사학위를 따고 인정받는 대학교수가 되었습니다.

한 기자가 이들의 이야기를 듣고 어떻게 똑같은 환경에서 다른 결과가 나오게 되었는지 추적했습니다. 오랜 추적 끝에 기자는 특이한 점 하나를 발견했습니다. 그 형제가 자랐던 집에는 'Dream is nowhere(꿈은 어느 곳에도 없다)!'라고 쓰인 조그만 액자가 있었습니다.

기자는 형제에게 그 조그만 액자를 기억하냐고 질문했습니다. 형은 이렇게 대답했습니다.

"네. 있었죠. Dream is nowhere! 늘 우리 집에 걸려 있던 액자였죠. 전 늘 그것을 보며 자랐죠."

인생에서 성공을 거둔 동생은 미소 지으며 이렇게 대답했습니다.

"네. 있었죠. 하지만 저는 띄어쓰기를 달리 해서 보았죠. Dream is now here(꿈은 바로 지금 여기에 있다)! 전 늘 그렇게 생각하며 자랐죠."

마음에 새기는 지혜 ●─────

당신은 인생을 살아가면서 주로 어떤 검색엔진을 사용하는가? 부정적인 생각과 말을 검색하고 있는가, 아니면 긍정적인 생각과 말을 검색하고 있는가? 모든 것에서 가능함과 긍정적인 것을 찾아내는 사람, 그런 사람의 인생에 아름다운 성공 교향곡이 연주되는 법이다.

나를 따라다니는 사람

한 젊은이가 피곤한 몸을 이끌고 집에 들어왔습니다. 그 젊은이는 계속되는 시련과 아픔 때문에 자살까지 생각할 정도로 힘들어 했습니다. 너무나 힘겨운 현실에 지친 젊은이는 언제나 집에 돌아오면 소파 위에 쓰러져 잠들곤 했습니다.

어느 날 그의 꿈속에 죽음의 사자가 나타났습니다. 그는 잡히지 않으려고 도망쳤습니다. 숨이 턱까지 차올랐지만 쉬지 않고 달렸습니다. 그래도 그 죽음의 사자는 바로 눈앞에 있었습니다. 방향을 바꿔 다른 길로 달려보았습니다. 달리다가 숲 속에 몸을 숨기기도 했습니다. 하지만 죽음의 사자는 언제나 자신의 눈앞에 서 있었습니다. 결국 젊은이는 체념하고 고개를 들어보았습니다. 그런데 죽음의 사자인 줄 알았던 그것의 가슴에는 이런 팻말이 걸려 있었습니다.

'인생!'

'인생'이라는 팻말을 걸고 있는 그가 조용히 말했습니다.

"당신이 아무리 도망치고 숨을지라도 결코 나에게서 벗어날 수 없습니다. 나를 멀리하고 피하려고만 하는 당신에게 내가 어떻게 귀한 선물을 주겠습니까? 나는 껴안고 부딪치고 어울려야 하는 존재입니다. 그렇게 나와 어깨동무를 하고 나가야 내가 당신에게 좋은 선물 하나라도 더 주지 않겠습니까?"

젊은이는 '인생'의 커다란 외침에 잠에서 깨어났습니다. 그제야 젊은이는 깨달았습니다. 인생이란 도망치고 거부해야 할 것이 아닌, 껴안고 즐겁게 동행해야 하는 존재라는 것을…….

마음에 새기는 지혜

인생은 패가 좋으면 가고, 패가 나쁘면 죽는 카드 게임이 아니다. 인생은 선택의 문제가 아니기 때문이다.

이 땅에 태어나는 순간, 살아가야 한다는 것은 내게 주어진 숙명이다. 인생을 멋지게 사는 것 외에 다른 방법은 없다. 인생을 어깨동무하고 함께 걸어가는 나의 가장 절친한 베스트 프렌드로 삼아야 한다.

평생을 함께해야 할 또 다른 나 자신, 인생을 외면할 방법은 없다. 그 친구를 힘껏 껴안고 걸어가라.

성공한 사람의 일기장에 쓰인 말

골프 전설 아놀드 파머가 UBS워버그 대회의 우승컵을 조국 미국에 안긴 것은 그의 나이 72세 때의 일이었습니다.

마이크 니콜스가 영화 〈너 어느 별에서 왔니?〉를 감독한 것은 그의 나이 79세 때의 일이었습니다.

조지 번즈가 〈선샤인 보이즈〉라는 영화로 남우조연상을 수상한 것은 그의 나이 80세 때의 일이었습니다.

괴테가 문학 역사에 길이 남을 명작 『파우스트』를 쓴 것은 그의 나이 83세 때의 일이었습니다.

미켈란젤로가 로마 교황청의 성당에 벽화를 그리기 위해 천장에서 일을 했던 것은 그의 나이 90세 때의 일이었습니다.

삶의 모습 어느 것 하나 닮은꼴이 없지만 조사해보니 그들에게는 한 가지 공통점이 있었습니다. 그들의 일기장에는 똑같은 말이 적혀 있었던 것입니다. 그들 모두의 일기장에 공통적으로 새겨져 있는 말은 바로 이것이었습니다.

'아직은 포기할 때가 아니야!'

마음에 새기는 지혜

인생에서 이미 늦어버린 시간은 없다. 늦었다고 생각하는 그 순간이 사실은 가장 **빠른** 시간이다. 지금 이 시간이 가장 많은 노력을 해야 할 때라는 것을 당신이 알고 있다면, 당신은 반드시 인생 대학의 성공 장학생이 될 것이다.

경험이라는 보물

같은 대학의 경영학과 동기 두 명이 있었습니다.
'나는 큰 기업을 이끄는 최고의 비즈니스맨이 될 거야.'
두 사람의 꿈은 동일했습니다.
그런데 환경은 전혀 딴판이었습니다.

한 친구는 부유한 대기업의 아들로 훗날 대기업을 물려받을 신분이 보장되어 있었습니다. 반면에 다른 한 친구는 평범한 집안의 그저 그런 형편에서 자란 아들이었습니다.

한 친구는 대기업의 과장으로 바로 특채되었고, 평범한 집안의 친구는 대기업 입사시험을 통해 채용되었습니다. 평범한 집안의 친구는 합격 직후, 자원해서 현장으로 발령을 받았습니다.

30년 후, 두 사람은 판이한 길을 걷고 있었습니다. 대기업의 아들은 시대의 변화를 이기지 못한 채 회사와 더불어 망했고, 평범한 집안의 친구는 대기업 전문경영인으로 우뚝 서 있었던 것입니다.

그의 성공 스토리에 관심을 가지고 있던 기자가 취재를 했습니다.

"회장님의 성공 방정식은 무엇이었습니까?"

"좋은 선택이지요."

기자는 진지한 자세로 물었습니다.

"좋은 선택이라니요? 어떤 선택입니까?"

"비즈니스 세계에서는 누구나 두 종류의 코인을 지급받습니다. 바로 현금과 경험이지요. 나는 당장 눈에 보이는 현금 대신 먼저 눈에 보이지 않는 경험을 선택했습니다. 먼저 경험을 취하면, 현금은 자연히 뒤따라온다는 것을 나는 알고 있었지요. 명심하세요. 이 법칙은 비즈니스 세계뿐 아니라 인생 세계에서도 적용되는 것입니다."

마음에 새기는 지혜

경험은 훗날을 보장해주는 가장 확실한 수표다. 경험이 지시하는 길로 몸과 정신을 맡겨보라. 청춘에게 가장 큰 선물은 머니가 아니라 '머니 머니' 해도 경험이다.

바꾸기 힘든 길

한 대학생이 방학을 이용하여 어느 시골길로 여행을 떠났습니다. 그는 한적한 시골을 돌아다니며 '삶이란 무엇인가?', '어떻게 하면 좀 더 멋진 삶을 살 수 있을까?'라는 고민을 하고 있었습니다.

배낭을 메고 자전거로 가는 여행길……. 그는 북쪽 지방을 돌아다니던 중 한 동네에 도달했습니다.

길을 지나가려는데, 마을 어귀에 앉아 있는 한 노인이 그에게 물었습니다.

"젊은이, 어디 가는 길인가?"

"네. 그냥 이곳저곳 돌아다니며 삶을 생각하고 있습니다."

"그래? 마을을 한 바퀴 돌아보면 많은 것을 느낄 걸세."

그는 자전거 페달을 밟아 마을을 돌기 시작했습니다. 그런데 이 동네는 길이 엉망이었습니다. 비가 온 후라 그런지 자전거 바퀴가 무른 땅에 푹푹 들어갔습니다. 그런 통에 자전거 타기가 무척 힘들었습니다.

마을을 빠져나오면서 자신이 지나온 길을 돌아보니, 길은 온통 바큇자국으로 파여 있었습니다.

마을을 돌아 나오자 아까의 그 노인이 그에게 물었습니다.

"어떤가? 많이 배웠나?"

"아뇨. 배우기보다는 너무 힘들었어요."

"우리 마을은 북쪽 지방이라서 여름이 지나면 곧 겨울이 돼 버린다네. 자네가 지금 지나온 길이 움푹 파여 있지? 잠시 후 겨울이 되면 그 파인 자리는 시멘트를 바른 것처럼 딱딱하게 굳어버린다네. 그러면 다시는 길을 제자리로 돌려놓을 수 없게 되는 거네. 무언가 느끼는 것 없는가? 사람의 습관이란 이와 같은 것이라네. 자전거를 타듯이 한 번 들인 습관은 금방 굳어버려 다시는 바꿀 수 없는 길, 인생의 길을 만들어버리지. 기억하게. 한 번 들인 습관의 길은 평생의 길로 만들어버리기 쉽다는 것을!"

마음에 새기는 지혜

좋은 습관은 나쁜 습관보다 포기하기가 더 쉽다.
좋은 습관이 나를 최고의 사람으로 만드는 일보다
나쁜 습관이 나를 최악의 사람으로 만드는 일이 더 쉽다.
좋은 습관은 오랜 인내로 서서히 나를 성공으로 이끌지만,
나쁜 습관은 찰나의 방심으로
순식간에 나를 실패로 몰아넣는다.
습관이라는 것은 처음에는 거미줄이었다가
이내 도저히 끊을 수 없는 강철 줄이 되는 그런 존재다.

황금을 캐는 사람

한 젊은이가 성공의 비법을 알기 위해 여행을 떠났습니다. 그는 어떤 마을에 도착하여 장사를 하고 있는 사람에게 물었습니다.

"이 마을에서 가장 부자이고 가장 성공한 사람은 누구입니까?"

장사꾼은 젊은이에게 집 하나를 가르쳐주었습니다. 그 집에 찾아간 젊은이는 자신이 찾아온 목적을 설명한 끝에 주인과 대면할 수 있었습니다. 젊은이는 주인에게 물었습니다.

"어떻게 해서 성공을 거둘 수 있었습니까?"

"나는 황금을 잘 캤기 때문이네."

젊은이는 궁금해졌습니다.

"그러면 황금은 어디에 가면 캘 수 있습니까? 그곳을 알려주십시오. 저도 부자가 되고 싶습니다."

주인은 손가락으로 자신의 머리를 가리켰습니다.

"바로 이 안이네."

젊은이는 당황했습니다.

"아니, 어떻게 사람의 머리에서 황금이 나온단 말입니까?"

주인이 웃으며 대답했습니다.

"황금은 땅속보다 사람의 생각 속에서 더 많이 채굴되는 법이니까."

그 한마디에 젊은이는 무언가 깨달은 듯 고개를 끄덕이며 밖으로 나가려 했습니다.

"아, 자네에게 꼭 해주고 싶은 말이 한 가지 더 있네. 자네의 재능, 그 자원을 쓰지 않으면 자동적으로 고갈된다는 사실을 잊지 말게."

마음에 새기는 지혜

최고의 천연자원은 석유도 금도 아닌, 바로 자기 자신이다. 우리는 그 가치를 잘 모르고 있거나 과소평가하고 있다. 이 천연자원은 그냥 두면 둘수록 그 값어치가 자꾸 떨어진다.

자신의 가치를 인정하고, 생각하고, 고민하고, 행동하라. 이것이 나를 최고의 인재로 만드는 지름길이다.

삶이 주는 선물

걸인이 추운 날씨에 구걸을 하고 있었습니다. 하루는 그 나라의 왕이 허름한 옷을 입고 암행을 나갔다가 그 걸인을 만나게 되었습니다.

"저에게 한 푼만 적선해주십시오."

왕이 보기에 걸인은 충분히 자기 손으로 일해서 돈을 벌 수 있을 것 같아 보였습니다. 왕은 한참을 생각하다가 말했습니다.

"그렇다면 당신도 나에게 무언가를 주시오. 그러면 나도 주겠소."

걸인은 자신의 적선 보따리에서 밥알 한 개를 꺼내어 왕에게 주었습니다. 그것을 받은 왕은 '나도 당신이 준 것만큼만 주겠소' 하며 호주머니에서 무언가를 꺼내어 적선 보따리에 넣었습니다. 걸인은 그것을 꺼내어 보았습니다. 그것은 놀랍게도 밥알 한 개 크기의 다이아몬드였습니다.

그제야 비로소 걸인은 자신의 적선 보따리에 들어 있던 수많은 밥알들을 내려다보며 한탄했습니다.

"더 많이 줬어야 했는데. 더 많이 줬어야 했어!"

마음에 새기는 지혜 ●

사람들은 모든 것을 되돌릴 수 없을 만큼 늦어버린 뒤에야 "그때 조금만 더 노력했다면, 조금만 더 열심히 살았더라면……" 하는 후회를 한다.

삶은 우리가 준 만큼만 그 결과를 돌려준다. 지금은 당신이 삶에게 충분한 노력을 선물해야 할 시간이다.

모든 것을 다 가질 수 있는 사람

아주 오래전, 세상이 처음 창조되었을 때의 이야기입니다.

그때는 사람들이 아무 일을 하지 않아도 배부르게 먹고살 수 있었습니다. 그런데 그런 시간이 계속되자 사람들은 서서히 게을러졌고 머리도 둔해져서 점점 바보스러운 생활을 거듭하게 되었습니다.

신은 인간들을 이렇게 살게 놔두어서는 안 되겠다고 판단했습니다. 신은 인간들에게 직업과 세상을 나누어주기로 하고 인간들을 불렀습니다.

제일 먼저 찾아온 것은 농부였는데, 그에게는 기름진 땅을 주었습니다. 그 다음으로 찾아온 어부에게는 바다를 주었고, 세 번째로 온 상인에게는 가게를 주었습니다. 계속 사람들이 찾아왔고 신은 한 사람 한 사람 골고루 나누어주었습니다. 거의 다 나누어준 저녁 무렵, 맨 마지막으로 한 사람이 찾아왔습니다. 그 사람은 자신에게도 무엇인가를 달라며 신께 간청했습니다.

신은 물었습니다.

"너는 왜 이제야 왔느냐?"

"저는 꿈을 꾸느라 늦었습니다."

신은 이리저리 찾아보았으나 먼저 온 사람들에게 거의 다 나누어주고 난 후라서 남아 있는 것이 별로 없었습니다.

"이 지상에 있는 것을 모두 나눠주었기에 남은 것이 별로 없구나. 그래, 너에게는 저 하늘을 줄 수밖에 없구나. 이제부터 저 하늘은 너의 것이다."

이렇게 해서 꿈을 꾸다가 온 사람은 지상의 것 대신 하늘을 얻게 되었습니다. 아무도 못 가져본 하늘까지도 가질 수 있었던 사람……. 그 사람의 이름은 바로 '청년'이었습니다.

마음에 새기는 지혜

세상에서 가장 위대한 명찰은 바로 '청년'이라는 이름표다. 그 이름표는 10대의 젊은이에게도, 70대의 노인에게도 걸려 있을 수 있다. 그 이름표는 세상을 살아온 숫자로 매겨지는 것이 아니다. 머리에 목표가, 가슴에 열정이, 두 손에 노력이, 두 발에 포기하지 않는 도전이 있는 사람만이 가질 수 있는 이름표다. 아무것도 가진 것이 없지만 많은 것을 가질 수 있는 사람, 그가 곧 청년이다.

Chapter 3

가을

그리고 조금 더

성공한 사업가가 있었습니다. 그를 존경하는 사람들은 그에게 대단한 성공의 비결이 있을 것이라고 믿었습니다.

기자가 찾아가 그에게 성공의 비결을 물었습니다.

"회장님, 사람들은 회장님의 성공 비결을 알고 싶어 합니다. 남들이 알지 못하는 회장님만의 성공 비결은 무엇입니까?"

사업가는 웃음을 띠며 말했습니다.

"제 성공의 비결은 특별한 것이 없습니다. 굳이 말하자면 바로 이것입니다."

사업가는 자신의 휴대전화 화면에 담겨 있는 글귀를 보여주었습니다.

'그리고 조금 더!'

"저는 모든 일에 '그리고 조금 더'라는 이 말을 대입합니다. 사람들을 '그리고 조금 더' 배려하고, 힘들고 어려울 때 '그리고 조금 더' 노력하고, 남들이 포기하라고 손을 가로저을 때 '그리고 조금 더' 시도합니다. 그러다 보니 오늘의 내가 되었군요."

고개를 끄덕이는 기자를 보며 사업가는 말을 이었습니다.

"사실, '그리고 조금 더'는 누구나 다 알고 있습니다. 하지만 생각만 할 뿐 실천하는 사람은 드물지요. 기억하세요. 인생의 정답은 말보다는 행동입니다."

마음에 새기는 지혜

사람을 사랑하라. '그리고 조금 더' 사랑하라. 모든 일에 최선을 다하라. '그리고 조금 더' 최선을 다하라.

당신은 '그리고 조금 더'의 위력이 얼마나 센지 아직 잘 느끼지 못할 수도 있다. 그럼에도 이 말 한 가지를 기억하라. 세계 100대 위인들의 자서전에 공통적으로 나오는 말, '그리고 조금 더'를 잊지 마라.

이해라는 안경

한 집안에 사이가 좋지 않은 아버지와 아들이 있었습니다. 그들의 모습을 보다 못한 어머니가 어느 날 도시에서 가장 지혜로운 사람을 찾아갔습니다. 그리고 남편과 아들의 관계를 좋게 해달라고 부탁했습니다. 그러자 현자(賢者)는 아들과 남편을 각각 따로 데려오라고 했습니다.

아들이 오자 현자는 그에게 아버지에게 가장 불만스러운 점이 무엇이냐고 물었습니다.

"저는 아버지가 꿀밤을 때리는 것이 가장 싫어요. 그건 저를 어린애로 무시하는 거잖아요."

이번에는 아버지를 불러 아들에게 사랑을 가장 잘 표현한 일을 이야기하라고 했습니다.

"저는 표현하기가 영 쑥스러워서, 사랑한다는 말 대신 아들에게 살짝 꿀밤을 놓곤 하죠."

현자는 두 사람을 함께 불러 그 사실을 알려주며 서로의 손을 맞잡게 했습니다. 그리고 이렇게 말했습니다.

"다른 가족들처럼 당신들 또한 사랑을 표현하는 방식이 다를 뿐 서로를 깊이 사랑하고 있습니다. 이제 당신들에게 필요한 것은 하나뿐입니다. 모든 일을 상대방의 눈높이에서 바라볼 수 있는 이해라는 안경을 쓰는 일입니다."

마음에 새기는 지혜

가족……. 생각만 해도 가슴이 따뜻해지는 단어, 눈물이 핑 도는 아련한 단어다. 있을 때 그 소중함을 모르다가 잃고 나서 통탄하게 만드는 존재가 바로 가족이다. 이제 그런 어리석은 일을 되풀이하지 마라. 지금 당장 부모님께 혹은 가족에게 휴대전화를 드는 당신이 되어라.

어떤 회사의 신입사원 채용법

취업 시즌인 11월이 되자 그녀는 생각이 많아졌습니다. 일류 대학 출신으로서 그녀는 그곳에서도 늘 최고의 성적을 거두었기에 자부심으로 가득 차 있었습니다.

여러 회사에서 입사 권유를 받았으나 모두 마다한 그녀는 고심 끝에 중소기업임에도 불구하고 요즘 한창 각광을 받고 있는 '참인간 주식회사'에 입사 지원서를 냈습니다. 그곳은 대학생들이 대기업을 제쳐두고 꼭 들어가고 싶어 하는 회사 중 하나였습니다.

그곳에서는 다른 회사와는 달리 실습을 겸한 사흘의 면접을 통한 입사 테스트가 있었습니다.

입사 테스트 일주일 후, 그녀 앞으로 '참인간 주식회사'라고 적힌 우편물 한 통이 날아왔습니다.

우편물을 뜯어본 그녀는 경악했습니다. 최고의 학벌, 최고의 엘리트라고 자부하던 그녀에게 날아온 것은 합격 통지서가 아니라 불합격 통지서였습니다.

 '참인간 주식회사'에서는 그녀의 불합격 이유를 이렇게 적고 있었습니다.

 '애석하게도 당신은 우리 회사의 면접시험에서 떨어졌습니다. 우리 회사는 절대 뽑지 말아야 할 사람을 항목별로 설정하고 있습니다.

그중 첫째 항목은 '단 한 번도 실패해보지 않은 사람'입니다. 실패해보지 않은 자는 성취의 감각을 모릅니다. 성취의 눈물겨움과 간절함을 알지 못합니다. 우리 회사에서 필요로 하는 사람은 실패의 쓰디쓴 맛을, 그 후에 달성하는 성공의 참 단맛을 아는 사람입니다.

당신은 실기시험에서도 불합격했습니다. 우리는 3일간 당신의 모습을 지켜보았습니다.

첫날, 당신은 일을 매듭짓지 않고 내일로 미루었습니다. 절대 뽑지 말아야 할 사람으로, 둘째 항목은 오늘을 인생의 마지막 날처럼 살지 않는 자입니다. 당신은 불확실한 내일이라는 단어를 남발했기에 이 항목에서도 떨어졌습니다.

절대 뽑지 말아야 할 사람으로, 일하는 동안 휘파람을 불지 않는 자의 항목에서도 당신은 탈락했습니다.

우리 회사는 모든 일을 마지못해 일하는 사람이 아니라 자신

의 일처럼 신명나게 일하는 사람을 필요로 합니다.'

그녀는 눈을 지그시 감았습니다. 지난날의 인생 속에서 '한 번도 실패해보지 않은 사람', '오늘을 인생의 마지막 날처럼 살지 않는 사람', '일하는 동안에 휘파람을 불지 않는 사람'으로 산 자신을 돌아보았습니다.

마음에 새기는 지혜

참인간 주식회사와 같은 조직에 들어가기란 쉽지 않다. 실패를 좌절의 눈물이 아니라 배움으로 여길 것, 하루를 자신에게 주어진 마지막 날이라 생각할 것, 열정적인 긍정의 마인드로 무장할 것……. 누구나 다 아는 것이지만 좀처럼 실천하기 힘든 것임에 틀림없다. 그럼에도 오늘부터 다시 체화하자. 당신은 고개만 끄덕이는 대다수의 사람이 아닌, 실천하는 극소수의 사람이 되어야 한다.

한 걸음 한 걸음 단계를 밟아 나아가라.
그것이 무언가를 성취할 수 있는
내가 아는 유일한 방법이다.

'남 따라 하기'라는 병

성실한 직장인이 있었습니다. 그는 회사에서 인정받는 사람으로, 노력하는 자세를 가졌습니다. 그는 성공 욕구와 더불어 부자가 되고 싶은 욕구도 강한 사람이었습니다. 그렇게 10년이 흘렀습니다.

그런데 이상하게도 그는 집도 사지 못한 채 전세방을 전전했고, 재산도 한 푼 모으지 못했습니다. 그는 아무리 생각해도 이해가 되지 않았습니다. 열심히 산다고 살았는데 왜 이런 결과가 나왔는지 말입니다.

그는 재테크 전문가에게 가서 상담을 했습니다. 그의 지난 10년을 들여다본 재테크 전문가가 말했습니다.

"재테크를 잘못해서 이런 결과가 나온 것이 아닙니다. 당신은 심각한 병에 걸려 있기 때문입니다. 그러니 병원으로 가보십시오."

돈을 모으지 못했을 뿐인데 왜 병원으로 가라고 하는 건지 그는 도무지 이해할 수 없었습니다. 그는 병원 정신과로 가서 의사와 상담했습니다. 한참을 상담한 후 의사는 그의 병을 이야기했습니다.

"당신은 지금 심각한 병에 걸렸습니다. 지금 당신이 빈털터리와 다를 바 없게 된 것은 이 병 때문입니다. 당신의 병명은 '남 따라 하기' 병입니다. 이 병은 걸리면 자신의 현재 상태를 보지 못한 채 남들이 하는 것을 따라 하다가 결국 파산에 이르게 되지요."

마음에 새기는 지혜

'저 사람도 저런 걸 사는데 나라고 못 살 것 있나?'

'그 사람도 그런 차를 타는데 나라고 못 탈 것 있나?'

사람들은 언제나 다른 사람과 자신을 비교한다. 남을 부러워하며 남처럼 다 해야 하는 직성이 풀리는 병, '남 따라 하기'라는 병에 걸리면 결과는 딱 하나다. 인생 파산!

성공의 기원, 관심

어느 성공한 기업가가 신문기자와 인터뷰를 했습니다. 아무 밑천도 없이 사업을 시작하여 거대기업의 회장이 된 그에게 신문기자가 물었습니다.

"회장님, 이렇게 성공할 수 있었던 요인 중 가장 중요한 것 한 가지만 말씀해주십시오."

무언가 특별한 비결이 있을 것이라는 기자의 예상을 무너뜨리듯 기업가는 담담한 어조로 말했습니다.

"사실, 성공은 그리 거창한 것에서 시작되지 않습니다. 관심을 가지는 것이 내가 사업에서 성공할 수 있었던 가장 큰 요인입니다. 삶에 대해, 자신이 원하는 일에 대해 더 많은 관심을 기울이면 삶은 반드시 그에 합당한 결과를 우리에게 주게 마련입니다. 더 많이 넣어두면 더 많이 얻게 되는 것, 이는 은행 이자가 붙는 것과 같은 이치입니다."

마음에 새기는 지혜

'삶은 내가 하고 싶은 일을 한 번도 제대로 도와주지 않았다! 삶은 내가 갖고 싶은 것을 한 번도 주지 않았다!'

마음속 이런 식의 건조주의보를 해제하라.

마음과 눈의 안테나를 항상 미래의 삶을 향해 세워라. 지금의 삶은 내가 그동안 내 삶에 보여준 관심의 결과물이다. 여기에는 한 치의 오차도 없다.

내 인생의 그 하루

아버지를 무척 존경하는 아들이 있었습니다. 그의 아버지는 너무도 열심히 최선을 다해 하루를 살아갔고, 그로 인해 돈과 명예를 얻은 사람이었습니다. 그런 아버지의 모습이 아들은 무척 부러웠습니다.

아들은 고등학교 시절, 누구보다도 열심히 공부를 해서 대학에 들어갔습니다. 그런데 대학에 들어가서는 미팅, 술, 컴퓨터 게임 등에 빠져 허송세월만 보냈습니다.

어느 날 아들의 머리에 이런 생각이 스쳤습니다.

'안 돼! 더 이상 이렇게 살 순 없다!'

아들은 아버지에게 조언을 구하기로 했습니다.

"아버지, 어떻게 해야 허송세월을 보내지 않고 뜻 깊은 시간을 보낼 수 있나요? 아버지처럼 열심히 살 수 있는 방법을 알려주세요."

아버지는 아들의 대학생활을 잘 알고 있었습니다. 아버지는 미소를 지으며 말했습니다.

"인생에서 헛된 시간을 보내지 않는 방법? 나는 늘 나 스스로에게 묻는 법을 사용한단다. '나는 왜 오늘 하루를 나의 전 생애라고 생각하며 살지 못하지?' 하고 말이다."

마음에 새기는 지혜

매번 똑같은 일상이 반복되는 것 같지만 내 인생의 오늘 하루는 단 한 번뿐이다. 내 인생이 일생이듯 오늘 하루도 단 한 번뿐이다.

오늘 하루를 나의 전 생애라고 생각하고 살아보자. 그럴 때 삶에 좀 더 애착을 갖게 될 것이다. 그러면 좀 더 분발하게 될 것이다.

양심의 굳은살

 귀중품을 만드는 공장에서 자꾸만 도난 사건이 일어났습니다. 처음에는 범인이 누군지 아무도 알 수 없었지만 곧 사장은 눈치를 챘습니다.
 범인은 그 공장에서 가장 젊은 청년이었습니다. 사장은 아무도 몰래 그 청년을 사무실로 불러 말했습니다.
 "자네 손을 한번 줘보게."
 사장은 청년의 손을 어루만지며 말했습니다.
 "자네가 우리 회사에 처음 들어왔을 때보다 손이 많이 거칠어졌구먼. 굳은살도 제법 많이 돋았군. 이제 이 손은 뜨겁고 거친 것을 잡아도 웬만해선 감각을 느끼지 못할 만큼 단련되었겠지?"
 그때 청년은 범행 사실이 들통 난 것을 눈치채고 화들짝 놀랐습니다. 사장은 짐짓 모른 체하며 계속 말을 이었습니다.
 "나는 양심이라는 것도 마찬가지라고 생각하네. 사람의 양심에도 굳은살이 박이게 마련이지. '이것쯤이야', '이번 한 번쯤이야' 하는 마음이 자리 잡히면 양심에도 굳은살이 박이고 결국 나중에는 아무런 가책도 못 느끼게 되지. 나는 자네를 믿네!"

마음에 새기는 지혜

세상 대개의 것에 단련되고 익숙해진다는 것은 좋은 일이다. 그러나 양심만은 **딱딱할 만큼** 단련되어선 안 된다. 세상에 때 묻고 사람에게 실망을 해도, 자기 양심만은 늘 부드럽고 순수한 결정체로 남겨두어야 한다. 당신의 양심 하나가 이 지구의 오물을 분리수거하는 힘이 될 것이기 때문이다.

꿈을 이루는 연구소

한 연구소가 있었습니다. 그곳은 '세상의 모든 것을 이루고 사는 사람들 연구소'입니다. 많은 사람이 그곳을 거쳐갔습니다.

어느 날, 한 잡지사에서 연구소 소장을 인터뷰했습니다. 이런저런 이야기를 나누다가 기자가 소장에게 물었습니다.

"소장님께서 생각하시는 이 시대의 현명한 사람이란 어떤 사람입니까?"

"항상 자신은 부족하다고 여기고 어떤 사람에게서든 배울 점을 찾는 사람이지요. 심지어 걸인한테서까지 배울 점을 찾는 사람입니다."

소장의 말은 평범했지만 분명 배울 것이 있었습니다.

기자가 또 물었습니다.

"그렇다면 진정으로 힘이 센 사람은 어떤 사람이라고 보십니까?"

"그야 당연히 자신의 욕망을 다스릴 줄 아는 사람이지요."

"소장님, 그렇다면 진정으로 행복한 부자는 어떤 사람입니까?"

"스스로 만족하는 사람이지요."

기자는 이런 소장의 평범한 말에 이상할 만큼 감명을 받았습니다. 인터뷰 말미에 기자는 모든 사람이 궁금해하고 개인적으로도 궁금했던 질문을 했습니다.

"소장님, 마지막으로 하나만 더 여쭙겠습니다. 어떻게 해야 저도 '모든 것을 이루고 사는 사람'이 될 수 있습니까?"

소장은 짧고 확신에 찬 목소리로 대답했습니다.

"당신이 지금 서 있는 그 자리에서 지금 하고 있는 그 일에 미치세요."

마음에 새기는 지혜

"지금이 아니라면 도대체 그때가 언제란 말인가?"

하버드 대학의 시계탑에 적혀 있는 글귀다. 위의 연구소 소장은 당신에게 꿈을 이룰 수 있는 해법을 명확하게 알려주고 있다. 지금 서 있는 이 자리, 바로 이곳이 엘도라도다.

칭찬의 힘

신기술을 개발한 중소기업이 있었습니다. 그 회사에서 개발한 신기술은 세계를 놀라게 할 기술이었습니다. 그랬기에 그 신기술을 빼내려는 산업스파이들이 기승을 부렸습니다.

다른 사람들이 출근하기 전인 새벽에 산업스파이 한 명이 기술개발실에 침입했습니다. 그런데 새벽에 일찍 출근해서 회사를 청소하던 청소부가 그 산업스파이를 잡았습니다. 체포하는 과정에서 심한 몸싸움을 넘어선 생명의 위협까지 있었지만 청소부는 결국 스파이를 잡아냈습니다.

회사 사람들은 그의 공로를 치하해주었습니다. 회사의 중역도 아니고, 그렇다고 해서 신기술을 개발한 사람도 아닌 그가 위험을 무릅쓰고 회사를 위해 몸 바친 이유가 사람들은 궁금했습니다.

"제가 그렇게 했던 이유는 단 하나뿐입니다. 저는 이 회사에서 인정받고 있는 사람이라고 느끼고 있기 때문이지요. 이 모든

게 '당신 덕분에 우리 회사가 늘 깨끗합니다. 고맙습니다'라고 해주셨던 회장님의 칭찬 덕분입니다."

마음에 새기는 지혜

삶이라는 기나긴 여정에서 한 배를 타고 살아가는 사람들과 즐겁고 원만히 동행하기 위해서는 '인생의 패스포트'가 필요하다. 사랑과 평화가 넘치는 그 길로 가기 위한 인생의 패스포트는 바로 서로에게 던지는 칭찬이다.

성공의 정의

대학 동기들이 20년 만에 동창회에서 만났습니다. 반가운 인사도 잠시, 사회에서 나름대로 성공을 거둔 친구들이 이야기를 하기 시작했습니다.

"넌 어떻게 이토록 큰 사업체를 운영하게 되었어?"

학창 시절 그다지 두각을 나타내지 못했지만 지금은 존경받는 기업인이 된 친구에게 동창들의 시선이 모아졌습니다.

"어떻게 하면 너처럼 성공한 인생을 살 수 있어?"

그 친구는 그냥 미소만 지을 뿐 별다른 이야기를 하지 않았습니다. 친구들이 자꾸 채근하자 그제야 그는 입을 열었습니다.

"난 성공이 별것 아니라고 생각해. 성공하는 사람들의 비법도 특별한 게 아니지. 그 사람들은 단지 실패의 횟수보다 일어선 횟수가 단 한 번 많은 사람들에 불과하니까."

그는 이렇게 말을 끝맺었습니다.

"그런데 성공한 사람이 드문 이유는 '그 마지막 한 번'을 더 일어서지 못하고 주저앉기 때문 아닐까?"

마음에 새기는 지혜

'실패한 횟수보다 일어선 횟수가 단 한 번만 더 있다면…….'

그것이 가장 확실한 성공의 비결이다. 하지만 대부분의 사람은 '그 마지막 한 번 더'에 너무도 인색하다.

자신에게 찾아온 실패를 '할 수 없음'의 동의어가 아니라 '한 번 더 시도하면 가능함'의 동의어로 받아들여라. 훗날 자신의 실패 스토리를 당당히 이야기할 수 있는 것은 자신의 인생을 성공으로 이끈 사람만이 가질 수 있는 특권이다. 실패한 횟수보다 한 번 더 일어선 사람만이 가질 수 있는 VIP 티켓이다.

보석을 찾아내는 심미안

어느 도시에 마법의 눈을 가진 사람이 있다는 소문이 돌았습니다. 그 사람은 누구든 찾아오기만 하면 그이의 인생을 성공하게 만드는 특이한 능력을 가지고 있었습니다. 실제로 그를 만난 모든 사람은 어김없이 한 분야에서 성공했습니다.

한 기업에서 그를 강사로 초청하여 강연회를 가졌습니다. 그는 자신의 비법을 설명해주었습니다.

"저는 마법의 눈을 가진 것도, 그렇다고 해서 마법의 힘을 가진 것도 아닙니다. 어떤 사람에게든 좋은 점도 있고 나쁜 점도 있습니다. 내가 세상 사람들과 다른 부분이 있다면, 대부분의 사람이 나쁜 점만 찾으려는 반면에 나는 좋은 점, 그 사람만이 가지고 있는 장점만을 찾아 그에게 말해줍니다. 누구든 장점이 없는 사람은 없거든요. 그것을 칭찬해주었을 뿐이지요."

한 사람이 손을 들어 물었습니다.

"비결이 고작 칭찬해주는 것뿐입니까?"

그는 의아해하며 대답했습니다.

"고작 칭찬이라고요? 세상이 아무리 첨단 시대고 기계화 시대라 할지라도 칭찬, 그것은 인간을 가장 크게 변화시키는 최첨단 기술입니다. 다른 사람의 장점을 찾아내어 칭찬해주는 것, 당신은 지금 그런 눈을 가지고 있습니까?"

마음에 새기는 지혜

우리는 사회적인 동물이다. 우리는 사람들과 관계를 맺으며 그 속에서 목표를 이루어나간다. 성과를 도출하는 데 가장 필요한 것은 서로가 서로에게 힘을 주는 파트너십이다. 그 파트너십을 견고하게 만드는 것 첫째가 상대의 장점을 부각해주는 일이다. 보석을 찾아내는 심미안, 당신은 그런 눈을 가지고 있는가?

후회 없는 인생

직장에서 성실성과 능력을 인정받은 그에게 좋은 기회가 찾아왔습니다. 부장이었던 그에게 대기업에서 전문경영인 자리를 제안해온 것이었습니다.

하지만 그는 일언지하에 거절했습니다. 주위 사람들이 그에게 왜 그렇게 어리석은 판단을 했냐고 묻자 그는 미소 띤 얼굴로 말했습니다.

"사람이 죽어 묘지에 묻히는 순간이 오면 그 누구도 '내가 직장에서 더 많은 시간을 보냈어야 했는데!' 하고 후회하지는 않습니다. 생의 그 끝에 서면 대부분의 사람은 '왜 내가 더 많은 시간을 가족과 보내지 않았는가?', '왜 나는 내가 아끼는 친구들과 가족들에게 더 많은 사랑을 주지 못했는가?'를 후회하게 되지요. 돈과 명성도 좋지만 먼 훗날 그런 후회를 하지 않기 위해서는 다른 방법이 없었습니다."

마음에 새기는 지혜

'공부하기에도 빠듯한 시간이라서…….'

'대학에 가기만 하면 그다음에…….'

우리는 흔히 이렇게 스스로를 정당화한다. 하지만 가장 소중한 가족 혹은 친구에게 지금 이 시간 내가 가진 사랑을 보여주지 않는다면, 우리는 그 기회를 영영 잃어버릴지도 모른다.

당신은 지금 후회 없는 인생을 살고 있습니까?

아무도 모르는 사람

한 마을에 중년의 신사가 이사를 왔습니다. 그는 가족이 아무도 없는지 별다른 짐도 없는 홀몸이었습니다. 그래서 그의 이름을 아는 사람은 아무도 없었습니다. 그는 뺨에 커다란 칼자국이 있는 험상궂은 얼굴이라 썩 좋은 인상도 아니었습니다.

그런데 그는 특이한 행동을 많이 하는 사람이었습니다. 그는 동네 구멍가게에서 물 한 모금을 얻어먹고는 "야! 진짜 맛있는 걸? 세상에서 가장 맛있는 물이에요"라고 말했습니다. 동네 꼬마들을 만나면 "야, 이게 세상에서 제일 맛있는 거야. 맛있게 먹어" 하며 눈깔사탕을 내밀기도 했습니다. 길을 지나가는 동네 사람에게 "오늘은 돈 대신 이 시 한 편으로 부자 되세요"라며 시가 적힌 메모지를 건네기도 했습니다. 그는 해가 지는 모습을 보면서 "오늘 정말 수고했어요. 내일 또 만나요" 하고 손을 흔드는 특이한 사람이었습니다.

1년이 지나도 마을에서 그의 이름을 아는 사람은 아무도 없었습니다. 하지만 사람들은 이름 대신 똑같은 별명으로 그를 불렀습니다. 사람들이 부르는 그의 별명은 '행복한 사람'입니다.

마음에 새기는 지혜 ●

가끔씩 자문해보라. "너, 지금 행복하니?" 하고…….

행복은 타인과 세상의 것들을 배려하고 사랑할 때 도리어 나에게 찾아온다. 세상 모든 곳에 행복 비타민을 나눠주는 당신이 되기를…….

간절히 원하라

언제나 실패만 거듭하는 남자가 있었습니다. 늘 세상일이 자신이 원하는 대로 이루어지지 않는 것을 한탄했던 그는 세상의 모든 비밀을 다 알고 있는 것으로 알려진 사람을 찾아갔습니다.

"선생님, 왜 저는 늘 실패만 거듭하는 것입니까? 다른 사람들은 원하는 일이 잘도 이루어지는데 말입니다. 어떻게 하면 제가 원하는 대로 일이 이루어지겠습니까?"

세상의 모든 진리를 다 알고 있다던 그 사람은 그를 한참 쳐다보더니 갑자기 그의 목덜미를 잡고 깊은 물속에 처넣었습니다. 그 사람은 그가 숨이 막혀 죽을 지경이 되어서야 물 위로 끄집어냈습니다. 그는 화를 내며 소리쳤습니다.

"도대체 왜 이러시는 겁니까?"

그 사람은 잔잔한 음성으로 말했습니다.

"자네에게 실패만 찾아오는 이유는 자네가 간절히 원하지 않기 때문이네. 자네가 물속에서 공기를 원하는 것처럼 어떤 것을 원한다면 그것은 꼭 이루어지게 되어 있네. 자네가 원하는 것, 되고 싶은 것을 간절히 원한다면 세상은 어느새 자네가 원하는 방향으로 움직이고 있다는 것을 느끼게 될 걸세."

마음에 새기는 지혜

지금 당신이 무엇이 못 되고, 안 되는 것은 그만큼 간절히 원하지 않기 때문이다. 간절히 원하라. 어떤 일에서든 신이 당신에게 준 피와 땀과 눈물이라는 3대 액체를 사용하여 간절한 마음으로 임하라.

이번 한 번쯤이야!

새로운 각오로 사업에 뛰어든 사람이 있었습니다. 처음 시작할 때는 누구나 그렇듯 그 사람 역시 이런저런 계획들이 많았습니다. 그리고 열심히 일했습니다.

하지만 세상일이란 마음먹은 대로 척척 움직이지 않습니다. 그도 서서히 지치기 시작했습니다. 회사 출근도 한 번 두 번 늦

어지기 시작했고, 사업차 사람을 만나는 일도 슬금슬금 빼먹는 일이 잦아졌습니다.

처음 마음먹었던 열정이 시들해졌고 점점 그는 나태해졌습니다. 그럴 때마다 그는 스스로를 위로하고 정당화했습니다. 그렇게 시간이 흘러 정확히 1년이 되었습니다.

고개를 들어보니 그의 사업은 이미 돌이킬 수 없을 정도로 기울었고, 그 역시 인생의 낭떠러지 앞에 몰려 있었습니다.

그동안 틈틈이 위로하며 정당화한 말, 결국 그의 인생을 송두리째 무너뜨린 말, 그 말은 바로 이것이었습니다.

"이번 한 번쯤이야!"

마음에 새기는 지혜

당신은 당신 인생의 마술사다. '오늘 하루쯤이야!', '이번 한 번쯤이야!'라는 말로 스스로를 위로하며 정당화하지 마라. 짧은 시간을 사랑하라. 결과보다 그때그때의 과정을 중시한다면, 당신은 자신도 모르는 사이에 이미 목적지에 도달해 있을 것이다.

어느 판매왕의 비결

한 전자 제품 회사에서 최고의 판매왕이 된 사람이 있었습니다. 그는 최고의 영업사원이 되기 위해 무던히 노력한 사람이었습니다. 누구나 열심히 일하는 것은 마찬가지였으므로, 사람들은 그에게 뭔가 특별한 노하우가 있을 것이라고 생각했습니다.

연말이 되자 그 회사에서는 판매왕 시상식을 거행했습니다. 그는 많은 사람의 축하를 받으며 단상에 올랐습니다. 사람들은 그가 판매왕이 된 비법을 궁금해했습니다. 그는 천천히 입을 열었습니다.

"보통, 장사를 하는 사람이나 영업을 하는 사람은 손님이나 고객을 왕으로 생각하라고 합니다. 하지만 저는 그렇게 생각하지 않습니다."

그러자 한 사람이 재빨리 손을 들고 물었습니다.

"그럼 무엇으로 생각했습니까?"

"저는 고객을 저의 친한 친구로 생각합니다. 친한 친구, 생각해보십시오. 여러분에게도 가장 친한 친구 한 명쯤은 있을 것입니다. 그 친구에게 전자 제품을 판다고 할 때, 어떻게 팔겠습니까? 최고의 성능을 가지고, 최저 가격에, 최선의 성심성의를 다해서, 전자 제품을 권하지 않겠습니까? 그리고 친구의 전자 제품에 문제가 생기면 바로 달려가 친절하게 그 문제를 해결해주고 싶지 않겠습니까? 제가 '고객은 친한 친구'라고 생각하고 행동하니, 고객 또한 저를 친한 친구로 생각하게 되더군요. 그것이 제가 판매왕이 된 비결의 처음이자 끝입니다."

마음에 새기는 지혜

세상 모든 사람은 외롭다. 서로의 가슴에 다리를 놓는 대신 서로의 가슴에 벽을 쌓고 있기 때문이다.

세상 모든 사람이 남이 될 수도 있지만, 생각을 달리하면 세상 모든 사람이 친구가 될 수도 있다. 지금 우리에게는 벽 대신 다리를 놓는 일이 필요하다. 인간관계가 올바로 정립될 때 일도 자연히 술술 풀리게 마련이다.

초등학생에게 배운 최고의 사랑

한 초등학교에서 소풍을 떠났습니다.

아이들은 모두 들떠 있었습니다. 버스가 목적지에 도착하기 전까지 담임선생님은 아이들에게 좀 더 유익하고 의미 있는 시간을 만들어주고 싶었습니다. 선생님은 곰곰이 생각한 끝에 좋은 게임 하나를 하기로 마음먹었습니다.

"얘들아! 우리 재미난 게임할까?"

"어떤 게임이요?"

"응. '내가 되고 싶은 게임'이야. 하는 방법은 간단해. 선생님이 지명을 하면 그 아이는 일어서서 나는 어떤 사람이 되고 싶다고 말하면 되는 거야. 자신이 닮고 싶은 위대한 사람을 말하면 된단다. 자신이 말한 후에는 다른 친구를 지명하면 된단다. 오늘이 오 일이니까 오 번 먼저 해볼까?"

5번 아이가 일어나서 말했습니다.

"네. 저는 이대호 같은 프로야구 선수가 되고 싶습니다. 다음은 십일 번."

11번 아이가 일어나서 말했습니다.

"저는 빌 게이츠 같은 컴퓨터 천재가 되고 싶습니다. 다음은 이십삼 번."

아이들은 계속해서 유명하고 위대한 사람을 말했습니다. 이 윽고 30번 아이가 다른 친구에게 지명을 받았습니다. 그 아이는 씩씩하고 자신 있는 목소리로 말했습니다.

"저는 제가 되고 싶습니다."

갑작스러운 아이의 말에 반 친구들은 어리둥절해했습니다. 선생님이 조용히 물었습니다.

"얘야. 너는 왜 네가 되고 싶니?"

아이는 친구들을 돌아보며 말했습니다.

"저는 제가 제일 좋거든요. 전 저를 가장 아끼고 사랑할 거예요."

선생님과 아이들은 그제야 알게 되었습니다. 세상에서 가장 아끼고 사랑해주어야 할 사람임에도 불구하고 가장 관심을 주지 않고 있는 사람, 그것이 바로 자기 자신이라는 것을······.

마음에 새기는 지혜

인생이 두루마리 휴지처럼
술술 풀리는 방법이 하나 있다.
바로 자기 자신을 사랑하는 것이다.
무엇을 이루기 위한 기본기가
자신을 사랑하는 것이다.
자신을 사랑하는 사람에게는
무한한 에너지가 넘친다.
그 무한의 에너지야말로
세상에서 가장 큰 경쟁력을 가진 무기다.

1억 원이 든 돈 가방

두 친구가 만났습니다. 그들은 무척 가난했지만 성실한 사람들이었습니다. 한 친구가 장난삼아 물었습니다.

"어제 뉴스에 일억 원이 든 돈 가방을 분실해 울고 있는 사람이 나오더라고. 그 가방을 주우면 참 좋겠지?"

그런데 또 다른 친구는 아무런 대답을 하지 않았습니다.

"야, 이런 상상을 한 번 해봐! 아무도 없는 곳에서 네가 그 가방을 주은 거야. 그리고 그 가방을 열어보니 일억 원이라는 돈이 있는 거야. 아무도 그 사실을 모르니 그 돈으로 너는 부자가 되는 거야. 정말 신나지 않겠니?"

그 친구는 짧게 말했습니다.

"하나도 신나지 않을 거야."

"뭐? 아무도 보지 않았고, 네가 그 돈을 주웠는지 아무도 모르는데도?"

그 친구는 아무런 대꾸가 없었습니다. 상상의 나래를 폈던 친구가 다시 한 번 물었습니다.

"야, 아무도 모르는데 무슨 상관이야!"

그 친구는 답답하다는 듯 말했습니다.

"아무도 모르겠지. 하지만 내가 알고 있잖아."

마음에 새기는 지혜

세상에서 가장 악질인 사기꾼은 나 자신을 속이는 사람이다. 세상에서 가장 악독한 범죄자는 나 자신을 속이는 사람이다.

나를 항상 지켜보는 것이 있다. 그것은 내가 어디서 무엇을 하든지, 매순간 나를 주시한다. 그것을 속이는 순간 내 인생은 최악의 낭떠러지로 떨어진다. 그것은 바로 양심이다.

인생 최고의 날, 오늘

행운맨이라고 불리는 사람이 있었습니다. 매사 웃고 다니는 그에게 늘 행운이 따라다닌다고 해서 사람들이 붙여준 별명이었습니다. 그는 회사에서 능력도 인정받고, 승진도 잘하고, 사람들과의 관계도 좋았습니다.

그와 함께 입사했지만 승진하지 못한 친구는 도무지 이해할 수가 없었습니다.

'나보다 능력이 그리 뛰어난 것 같지도 않은데, 왜 저 친구는 늘 인정받고 사람들에게도 인기가 많은 걸까?'

어느 날 함께한 술자리에서 그는 행운맨에게 그 비결을 넌지시 물었습니다. 처음에는 그런 게 어디 있냐며 손사래를 치던 행운맨이 이렇게 말했습니다.

"바로 오늘이야라는 생각 때문일지도 모르겠네."

그는 잘 이해가 되지 않아서 또 물었습니다.

'바로 오늘이야? 그게 뭔데?'

행운맨은 웃으면서 대답했습니다.

"모든 일에서 '바로 오늘이야'라고 생각하고 행동하는 것이지. 아침에 일어나면 내 인생에서 가장 좋은 날이 '바로 오늘이야'라고 생각하고, 직장 동료를 만나면 저 사람과 더욱 친해져야 하는 날이 '바로 오늘이야'라고 생각하는 거지. 또 내가 새로운 일을 계획하면 그것을 실천해야 할 날이 '바로 오늘이야'라고 생각하고, 친구나 동료에게 실수나 잘못을 저질렀을 때 용서를 구해야 하는 날이 '바로 오늘이야'라고 생각하고 행동하는 거야."

행운맨의 행운 비결을 알게 된 그는 조용히 고개를 끄덕였습니다.

마음에 새기는 지혜

세상에는 믿을 수 없는 것이 두 가지 있다. 지나간 과거, 그리고 다가올 미래다. 오직 믿을 수 있는 것은 지금, 바로 오늘이다. '미루는 병'에 걸려 있는 사람에게 장밋빛 미래는 결코 찾아오지 않는다. 세상에서 가장 아름다운 보석은 바로 오늘이라는 시간 안에 숨어 있다.

오늘이라는 시간을 믿고 행동하는 사람에게 인생 로또에 당첨되는 행운이 찾아오는 법이다.

날아간 꿈

무더운 여름날 저녁, 누워 잠을 청하려는데 하루살이 한 마리가 그의 팔에 앉았습니다. 그 하루살이는 팔에 앉았다, 다리에 앉았다 하면서 계속 그의 잠을 방해했습니다. 그는 일어나 방에

당신은 인생을 변화시키려는 소원을 가지고 있습니까?

불을 켜고 하루살이를 잡았습니다. 잡힌 하루살이는 자신이 본래 신의 아들인데 세상을 구경하기 위해 내려왔다가 이렇게 잡혔다며, 놓아주면 소원 한 가지를 들어주겠다고 했습니다.

그는 어떤 소원을 말할까 고민했습니다. 이것도 하고 싶고, 저것도 하고 싶고······. 그는 밤을 지새우며 망설였습니다.

고심 끝에 그는 한 가지 소원을 정했습니다. 그런데 정신을 차리고 고개를 들어보니 창밖에는 이미 해가 떠 있었습니다. 그리고 자신의 손바닥에는 하루살이가 죽어 있었습니다. 그렇게 그의 소원도 날아가버렸습니다.

마음에 새기는 지혜

'무엇을 하고 싶다, 무엇이 되고 싶다'는 간절한 소원은 자신을 그곳으로 데려다주는 사다리 역할을 한다.

당신은 지금 가지고 있는가? 언제든 누가 대뜸 물어도 '이것이다'라고 명확하게 말할 수 있는 간절한 소원 하나를 말이다.

진심의 학교

누구에게나 호감을 사는 교수가 있었습니다. 그의 주위에는 언제나 수많은 사람이 들끓었습니다. 그는 만나는 사람들을 늘 성심성의껏 도와주었습니다. 그런 그의 인간관계를 본받고 싶어 하던 한 직장인이 찾아와 물었습니다.

"교수님, 어떻게 그런 좋은 인간관계를 유지하실 수 있습니까?"

그는 웃으며 대답했습니다.

"저는 늘 만나는 모든 사람의 좋은 점을 보려고 합니다. 그리고 그 좋은 점을 칭찬해줍니다. 그것뿐입니다."

인간관계를 잘 만들어가고 싶었던 직장인은 싱거운 대답에 실망했습니다.

"그것은 당연한 것 아닌가요? 상대방을 칭찬해주는 것은 인간관계의 기본 아닙니까? 무언가 더 특별한 비법은 없습니까?"

그는 다시 대답했습니다.

"참, 한 가지 중요한 사실을 빠뜨렸군요. 사람들 대부분의 칭찬은 이빨 사이로 새어나오는 것인 반면, 저의 칭찬은 마음속에서 우러나오는 것이라는 차이가 있지요."

마음에 새기는 지혜

잘 꾸민 말로, 그럴싸한 행동으로 사람을 만나지 마라. 그런 인간관계는 유통기간이 지나면 폐기 처분되는 통조림 같은 만남이다. 인간관계의 정답은 마음으로 다가가고 진심으로 대하는 것이다. 가슴속에 '진심의 학교'를 세워두고 모든 사람을 만나라. 세상이 때 묻고 녹슬었다고 하지만 그래도 진심은 어디에서든 통하는 법이다.

묘비의 당당함

세상의 숱한 사람들이 반드시 한 번은 가야만 하는 곳이 있습니다. 그곳은 바로 무덤입니다.

어느 시골 묘지의 묘비 하나가 푸른 가을 하늘 아래에서 자신의 무덤 주인을 회상하며 이런 독백을 하고 있었습니다.

"사람들은 가끔 내 주인 묘지에 와서 나를 보곤 하지. 내 몸에 새겨진 비문을 읽어보거든. 그런데 중요한 사실은, 사람들은 내 주인이 과거에 얼마나 오랫동안 월급이 오르지 않았고, 최고급 승용차를 몇 년이나 몰았으며, 해외여행을 몇 번 갔는가 하는 사실은 아무도 알고 싶어 하지 않는다는 점이야. 그저 이 사람이 열심히 살다 간 사람인지, 그렇지 않은 사람인지로 나를 평가하거든. 난 내 주인이 내 가슴에 '열심히 살다 간 사람'이라고 새겨 주었다는 것 하나만으로도 충분히 만족해."

마음에 새기는 지혜

당신은 하루를 마감하는 잠자리에서 스스로에게 "넌 오늘도 참 열심히 살았어"라고 칭찬해줄 수 있는 삶을 살아가고 있는가? 당신은 생의 작별을 고하는 날 인생 노트 마지막 장에 '나는 최선을 다해 살다 간 사람'이라고 적을 수 있는 삶을 살아가고 있는가? 그런 삶을 살아가고 있다면, 당신은 인생에서 거둘 수 있는 최고의 성공을 이루고 있는 사람이다.

Chapter 4
겨울

최초의 사람이 되기

불치병에 걸린 사람이 있었습니다. 그 환자는 다른 환자들처럼 절망에 빠진 채 마지못해 하루하루를 보내고 있었습니다.

그 병원에 대학을 갓 졸업한 인턴이 새로 왔습니다. 그 의사는 유달리 불치병에 걸린 환자에게 관심을 기울였습니다. 의사는 자주 그 환자를 찾아가 말을 나누곤 했습니다.

몇 달 후 그 환자는 얼굴색부터 달라졌습니다. 병원에서는 다시 정밀검사에 들어갔습니다. 그런데 놀랍게도 그 환자의 불치병이 완치되어 있었습니다.

의학계에서는 놀라운 일이라며 그 원인을 밝히기 위해 나섰습니다. 하지만 아무리 조사해도 특별한 이유는 나오지 않았습니다.

"도대체 당신의 병은 어떻게 나은 것입니까? 아무리 조사해도 그 이유를 도무지 찾을 수가 없군요."

그 환자는 부드러운 웃음을 지으며 말했습니다.

"저도 제 병을 포기하고 있었습니다. 그런데 매일 아침마다 그 신참내기 의사가 나에게 찾아와 이렇게 말하더군요. '선생님, 선생님이 이 병을 이겨낸 최초의 사람이 되지 않으시겠습니까?' 하고 말입니다."

마음에 새기는 지혜

당신이 굳게 결심하면, 누구도 당신을 막을 수 없다. 당신이 굳게 실천하면, 누구도 당신을 이길 수 없다.

아무도 해낸 사람이 없다고 말하지 마라. 라이트형제가 비행기를 만들기 전까지, 하늘을 나는 것은 불가능한 일이었다. 에디슨이 전구를 발명하기 전까지, 세상에 스위치 하나로 불을 밝히는 것은 불가능한 일이었다.

안 되는 일이면 당신이 도전하라. 그것을 되는 일로 만든 최초의 사람이 될 것이다.

여러 각도에서 보는 인생

대학 입시에 실패한 학생이 있었습니다. 지난 3년 동안 오직 한 곳을 바라보며 공부밖에 하지 않았던 그에게 대학 입시의 실패는 충격적인 일이었습니다.

그의 머릿속에는 나는 무엇이든 안 되는 놈이야라는 부정적인 생각이 가득 차 있었습니다. 그 모습을 보다 못한 아버지가 그를 공원으로 데려갔습니다. 근사한 탑 조각이 있는 곳에서 그들은 발걸음을 멈추었습니다.

"어떠니? 아름답지 않니?"

"네. 대단하네요. 어떻게 이처럼 아름다운 조각을 만들 수가 있죠?"

"이제 뒤로 돌아가서 조각의 뒷모습을 보렴. 오늘 내가 너에게 하고 싶은 이야기가 거기에 있단다."

탑 조각의 앞면은 휘황찬란한 모양을 하고 있는 반면 뒷면은 울퉁불퉁 거칠고 보기 흉한 모습이었습니다.

"아버지, 탑 뒷모습에서 하시고 싶은 이야기가 있다니, 무슨 말씀인가요?"

"보렴. 조각품은 이처럼 모든 각도에서 감상할 수가 있단다. 하나의 조각품에도 아름답고 눈부신 면이 있는 반면 저렇게 거칠고 흉한 모습도 있지. 하지만 사람들은 인생에서는 곧잘 그 사실을 잊어버리곤 한단다. 너의 인생에서도 마찬가지야. 기억하렴. 대학 입시에 실패한 모습이 있는 반면 다른 한 면에는 눈부신 아름다운 너의 모습이 있다는 사실을 말이다."

마음에 새기는 지혜

무지개는 궂은비가 내리고 난 후에야 비로소 이룰 수 있는 아름다움이다. 진주는 조갯살을 에는 고통이 지나간 후에야 비로소 완성되는 보석이다.

지금부터 인생을 단면으로 보지 말고 360도 모든 각도로 바라보라. 그러면 새로운 인생이 열릴 것이다.

도토리의 꿈

존경받는 초등학교 선생님이 있었습니다. 오랜 시간 교직생활을 하면서 그는 대통령, 사업가, 교수 등 훌륭한 제자들을 많이 키워냈습니다. 그래서 사람들은 그에게 무슨 특별한 비결이 있을 것이라고 생각했습니다. 그럴 때마다 그는 피식 웃으며 특별한 비결이 없다고 말했습니다.

어느 날 그가 근무하는 초등학교에 새로운 젊은 선생이 발령을 받아 왔습니다. 교사로서 첫발을 내딛는 젊은 선생은 때마침 그의 옆 반 담임이 되었습니다.

"선생님, 처음 아이들을 가르치려니 걱정이 앞서요. 저에게 아이들을 잘 가르치는 법을 말씀해주세요."

그는 이렇게 말했습니다.

"아이들을 사랑으로 가르치는 것은 교사의 기본이네. 그리고 가장 중요한 사실 한 가지가 있네. 그것은 아이들을 도토리로 보라는 것이네. 아이들은 무한한 가능성을 가진 존재이네. 아이들이라는 도토리 안에는 수천, 수만 가지의 가능성과 잠재력이 숨어 있지. 지금 도토리가 작고 보잘것없다고 내버리면서 예쁜 도토리만 소중하게 여기는 것처럼 어리석은 일은 없다네."

젊은 선생은 왜 그가 존경받는지 그 이유를 알 것 같아 고개를 끄덕였습니다.

마음에 새기는 지혜 ●────────

나는 무한한 가능성의 존재다. 내 안에는 지금보다 더 소중한 미래가 숨어 있다. 나를 '지금의 나의 모습'으로 한정하는 어리석은 일을 하지 마라. 내가 내 삶의 매니저가 되어라. 그래서 내 속에 있는 꿈을 실현하여 스타로 만들어라.

후반전 인생

발명특허를 팔아 엄청난 수익을 올린 사람이 있었습니다. 그의 성공담이 점차 사람들 사이에서 퍼져나갔습니다. 알고 보니 그는 실험에서 수많은 실패를 거듭했고 사업에도 여러 차례 실패한 사실이 있었습니다. 그 특허는 60세가 넘은 그가 거둔 최초의 성공이었습니다.

한편, 자신의 인생은 회전목마처럼 실패만 되풀이된다고 한탄하는 사람이 있었습니다. 그는 수많은 실패에도 불구하고 포기하지 않았던 발명가의 성공담을 듣고자 발명가를 찾아갔습니다. 그리고 발명가에게 성공의 비결을 물었습니다.

"나는 인생이란 항상 축구 경기처럼 전반전이 있고, 후반전이 있다고 생각합니다. 나는 비록 전반전에 잘하지 못했지만 그렇다고 해서 후반전까지 포기하지는 않았습니다. 아시다시피 경기의 승패는 전반전이 아니라 후반전에 결정되는 것 아닙니까?"

돌아가려고 하는 그에게 발명가는 이런 말을 덧붙였습니다.

"항상 인생을 포기하지 마세요. 당신의 인생은 늦깎이 인생일지 모르니까요."

마음에 새기는 지혜

수많은 실패와 아픔으로 고개 숙인 당신, 당신의 인생은 어디쯤 뛰어가고 있는지 알 수가 없다. 하지만 경기는 계속되고 있다. 남은 시간을 충분히 열심히 뛴다면 당신은 '인생 경기'에서 멋진 대역전극을 펼칠 수가 있다.

사람의 가치

사람들에게 존경을 받는 거부가 있었습니다. 어린 시절 가난하게 자랐음에도 불구하고 큰 성공을 거둔 그는 기업의 회장이 되었습니다.

어느 날 기자가 찾아가 그에게 물었습니다.

"회장님은 정말로 부자군요."

그렇게 이야기를 시작한 기자는 궁금한 점을 하나씩 꺼내었습니다. 그러던 중 대뜸 이런 질문을 했습니다.

"회장님은 오백억 원이 넘는 재산을 가지고 있습니다. 그렇다면 회장님은 자신의 가치를 어느 정도라고 생각하십니까?"

회장님은 웃는 얼굴로 대답했습니다.

"저는 고작 이억 원 정도의 가치 밖에 안 되는 사람입니다."

"에이, 자기 평가에 너무 인색하신 것 아닙니까?"

회장이 말했습니다.

"저는 오백억 원의 재산을 가지고 있지만 올해에 이억 원만을 가난한 사람들과 자선단체에 기부했습니다. 그렇기에 저는 이억 원 정도의 가치를 가진 사람입니다. 사람의 가치는 자신이 얼마나 가지고 있느냐에 따라 결정되는 것이 아니라 다른 사람에게 얼마나 주었느냐에 따라 결정되는 것이니까요."

마음에 새기는 지혜 ●

두 주먹에 많은 돈을 쥐고 있는 사람은 부자다. 그것을 펴서 다른 사람에게 나누어줄 수 있는 사람은 진짜 부자다. 졸부가 진짜 부자인 것처럼 거들먹거리는 세상에서 당신은 사랑의 낭비자인 진짜 부자가 되어라. 진짜 부자는 많이 가진 사람이 아니다. 자신이 가진 상황에 맞게 나누어줄 수 있는 마음을 가진 사람이 진짜 부자다. 사랑을 베풀고 나누는 일은 세상에서 가장 수지가 맞는 일이다. 당신의 사랑이 지구를 깨끗하게 해주는 공기청정기가 될 것이다.

정신적 노인

일류대학을 나왔고, 그곳에서도 아주 우수한 성적으로 졸업을 한 사람이 있었습니다. 그는 연봉도 높고, 자신도 간절히 원하는 곳에 입사 지원서를 냈습니다.

필기시험을 우수한 성적으로 통과한 그는 면접시험을 치르기 위해 기다리고 있었습니다. 단정한 외모에 훤칠한 키를 가진 그였기에 합격은 따놓은 당상이라고 생각했습니다. 그런데 막상 면접장에 들어서니 심사관들이 황당한 질문만을 했습니다.

"질문에 짧게 예, 아니요로 대답하십시오. 당신은 나이가 들었다고 생각합니까?"

"네."

"당신은 배울 만큼 배웠다고 생각하십니까?"

"네."

"당신은 듣는 것보다 말하는 것을 좋아합니까?"

"네."

"당신은 도전보다 만족이라는 단어를 좋아하십니까?"

"네."

심사관은 굳은 얼굴로 말했습니다.

"죄송합니다. 당신은 우리 회사가 원하는 인재가 아닙니다."

불합격 통지를 받은 그는 거세게 항의했습니다.

"저는 일류대학 출신으로, 필기시험 성적도 뛰어납니다. 도대체 제가 떨어진 이유가 무엇입니까?"

강하게 항의하는 그에게 심사관은 떨어진 이유를 이렇게 설명했습니다.

"방금 제가 했던 질문은 노인이 가지고 있는 특성입니다. 당신이 노인의 생각을 가지고 있는지, 청년의 생각을 가지고 있는지 테스트한 것이지요. 우리 회사는 정신적 노인을 선발하지 않습니다."

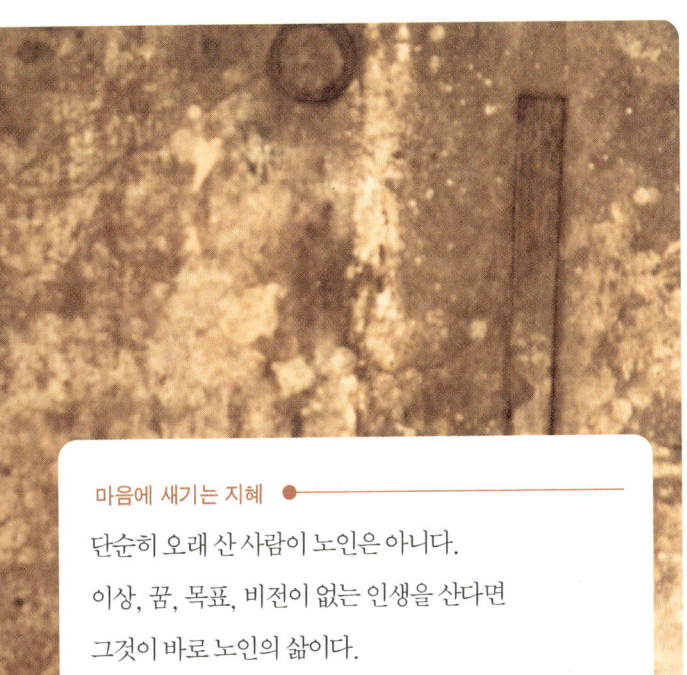

마음에 새기는 지혜

단순히 오래 산 사람이 노인은 아니다.
이상, 꿈, 목표, 비전이 없는 인생을 산다면
그것이 바로 노인의 삶이다.
"인생을 하루 24시간에 비유하면
청년은 오전 여덟 시의 태양,
그것을 소리로 표현하면 '예!'라는 우렁찬 답변,
네댓 명이 모여 터뜨리는 폭소와 같다."
마오쩌둥이 한 이 말을 자신의 삶에 자주 대입해보라.
세상에 적당히, 대충, 어영부영 길들어 가지 않는 모습,
그것이 가장 멋진 나의 모습이다.

사랑법

 마을 어귀에 있는 평상에, 늘 그렇듯 두 마리의 비둘기는 날아왔습니다. 두 마리의 비둘기는 여름이면 동네 어르신들의 피서지이자 낮술이 오가는 장소, 세상 시름이 쉬어가는 곳이기도 한 그 평상에 매일 찾아왔습니다. 어느새 동네 어르신들도 늘 함께 날갯짓을 하고 함께 쉬어가는 그 비둘기 한 쌍을 알아보게 되었습니다.

 비가 몹시도 내리던 밤, 별들이 먹구름의 시샘에 제 몸을 숨기고 소나기에게 자리를 내주었던 그 밤이 지나고 아침이 왔습니다.

 여느 때와 마찬가지로 동네 어르신들은 하나 둘 평상으로 모여들었습니다. 그런데 평상 밑에는 비둘기 한 마리가 흠뻑 젖어버린 채 날갯죽지를 펴고 죽어 있었습니다.

 어르신들은 죽은 비둘기의 모습을 안타까워하며, 단짝인 새는 제 짝이 전날 밤 세찬 비바람에 죽자 홀로 슬퍼하고 있으리라 생각했습니다. 하지만 아무도 모르고 있었습니다.

죽어 있는 그 비둘기의 날갯죽지 밑에 나머지 한 마리의 비둘기 역시 죽어 있었다는 것을……. 그리고 여전히 그들은 하나였다는 것을…….

마음에 새기는 지혜

사랑은 생성에서 소멸까지 어떤 슬픔과 아픔이라 해도 편히 쉬어갈 수 있도록 가슴에 체온으로 데워놓은 둥지 하나를 마련해두는 일이다.

사랑은 우리에게 달콤한 나날들만을 약속해주는 것이 아니다. 그것은 어렵고 힘겨운 시간에 모든 것을 내어줄 수 있는 용기와 희생이다.

아픔과 눈물은 어쩌면 사랑에게 다가가기 위한 통과의례 같은 것일지도 모른다. 똑같은 상황이 주어졌을 때 어떤 사람은 그 상황 때문에 사랑을 포기해버리는 반면 어떤 사람은 그 상황 때문에 더욱 뜨겁게 사랑한다. 지금 당신의 사랑은 어느 쪽인가?

어디로 가는지 모르는 지구인

금성인들이 지구를 바라보고 있었습니다.

"지구인이 어떻게 살아가고 있는지 한번 보는 게 어떨까?"

"그래. 우리에게는 지구에 대해 잘 아는 친구가 있잖아."

금성인들은 지구를 잘 아는 친구와 함께 지구로 날아갔습니다. 그들은 지구에 도착하기 전에 우주선 안에서 지구인들을 자세히 살펴보았습니다.

제일 먼저 지구를 유심히 살펴본 금성인이 말했습니다.

"지구인들은 왜 저렇게 바쁘게 돌아다니는 거야?"

"그러게 말이야. 저들은 도대체 무엇을 하기에 저토록 바쁜 걸까?"

지구인을 잘 아는 금성인이 대답했습니다.

"지구인들은 부지런히 어디론가 가고 있는 거야!"

다른 금성인들은 그 말을 듣고 다시 한 번 지구인들을 자세히 들여다보았습니다.

그래도 궁금증이 가시지 않는지 한 금성인이 물었습니다.

"대체 저들은 어디로 가고 있는 거야?"

그러자 지구인을 잘 알고 있는 금성인이 대답했습니다.

"그들은 그저 가기만 할 뿐이야. 그들조차도 자신이 어디를 향해 가고 있는지 모른 채 말이야."

마음에 새기는 지혜

한 직장을 30년간 다닌 사람 중에 이런 사람도 있다.

"도대체 지금까지 내가 무엇을 하고 살았던 걸까?"

나는 무엇을 하고 있는지, 어디로 걸어가고 있는지를 항상 점검하라. 중간 점검을 하지 않는 당신인가? 열심히 최선을 다해 걷고는 있지만 당신이 원하는 곳의 정반대 방향으로 가고 있는지도 모른다.

인생을 완전히 바꾸는 법

능력이 있는데도 회사에서 인정받지 못하는 회사원이 있었습니다. 그가 사람들에게 인정을 받지 못하는 이유는 단 한 가지, 회사에 늘 지각을 하기 때문이었습니다.

그는 그래도 자신의 능력을 인정받지 못하는 게 불만이었습니다. 그는 자신의 생활을 찬찬히 돌아보기 시작했습니다.

'나는 자명종 소리에도 왜 이불을 박차고 일어나지 못하는 걸까?'

'나는 왜 골골대며 기침에, 가래침을 뱉으면서도 담배를 끊지 못하는 걸까?'

'내 나이 서른에 통장에는 왜 마이너스만 찍혀 있는 걸까? 그리런데도 금빛 신용카드를 여기저기서 쭉쭉 그어대는 버릇을 왜 버리지 못하는 걸까?'

아무리 생각해봐도 그 이유를 알 수 없었습니다. 그는 자신을 가장 잘 알고 있는 친구에게 이 문제를 털어놓았습니다.

"너는 내 생활을 너무도 잘 알고 있잖아. 내가 바뀔 수 있도록 솔직히 말해줘."

친구는 이렇게 말했습니다.

"너는 악마가 가장 손쉽게 이용하는 유혹의 덫에 빠져 있기 때문에 그래. 그 덫에 걸리면 인생 실패의 길로 접어들게 돼버리고 말지."

"그게 뭔데?"

"그건 '이번 한 번쯤은'이라는 악순환의 덫이야. 마음속으로는 늘 '이번 한 번쯤은'이라고 말하지만 그것은 두 번이 되고, 습관이 되고, 인생 자체가 되어버리는 거지. '이번 한 번쯤은'이라는 유혹의 덫에서 벗어나는 것이 네 인생을 완전히 바꾸는 유일한 방법이야."

마음에 새기는 지혜 ●

인생에는 늪이 있다. 늪은 한 번 발을 디디면 독한 마음으로 벗으냐려 하지 않는 한 한 발에서 두 발이 빠지고 결국 온몸이 빠져 헤어나올 수 없다. 인생의 가장 깊은 늪은 '이번 한 번쯤은'이라는 유혹의 늪이다. 당신은 지금 그 늪에 빠져 허우적거리고 있지는 않은가? 아니, 그 늪에 빠져 있다는 사실조차 느끼지 못하고 있는 것은 아닌가?

나에게 묻는 안부 인사

한 고등학교 교정에서 한 해를 마무리하는 행사가 열리고 있었습니다. 여러 상들이 수상되었는데 유독 눈에 띄는 상이 하나 있었습니다.

그 상의 이름은 '발전상'이라는 상이었습니다. 1년 동안 성적과 행동 등 모든 면에서 가장 많은 발전이 있었던 사람에게 주어지는 상이었습니다. 수상자로 선정된 학생은 작년까지만 해도 성적이 학교에서 거의 꼴찌에 가까운 학생이었습니다. 그러나 1년 동안 눈부신 발전을 거듭하여 결국 이 상을 수상하게 된 것입니다. 그 학생은 수상 소감을 이렇게 말했습니다.

"올해를 처음 시작하면서 제가 세운 계획이 있습니다. 하루를 마감할 때 '내 안의 나에게 안부 인사 묻기'를 매일 실천하자는 것이었습니다. 어떤 날은 내 안의 나를 칭찬도 했고, 어떤 날에는 내 안의 나를 꾸중하기도 했습니다. 그렇게 매일 실천하다 보니 하루하루가 정말 소중하게 생각되더군요. 그리고 보잘것

없다고 느꼈던 나 자신을 아끼고 사랑하게 되었지요. 한 해가 끝나는 지금, 나 스스로도 몰라보게 달라져 있다는 것을 느낍니다."

마음에 새기는 지혜

숨 가쁘게 달려온 한 해, 열심히 살아온 '내 안의 나'에게 따스한 음성으로 칭찬을 하라. 아쉬움도 많고 후회도 많을 테지만 한 해의 끝은 또 다른 시작을 알리는 힘찬 팡파르다. 새로운 날에는 '내 안의 나'를 좀 더 사랑하고 아껴주는 당신이 되기를······.

소중한 물 한 잔

오후 세 시가 되면 우편집배원은 어김없이 그녀의 집 앞을 지납니다. 그때마다 그녀는 늘 더운 날씨에 수고하신다며 시원한 냉수 한 잔을 건넵니다. 우편집배원은 그녀의 친절을 늘 고맙게 생각하고 있었습니다.

그러던 어느 날이었습니다. 그날도 오후 세 시가 되어 우편집배원은 그녀의 집 초인종을 눌렀습니다. 그녀는 우편집배원이 왔구나 생각하고 대문 밖으로 나갔습니다.

우편집배원의 손에는 편지 대신 장미꽃 한 다발과 작은 선물 상자 하나가 들려 있었습니다. 그는 은은한 미소를 지으며 말했습니다.

"아주머니, 별것 아닙니다. 늘 저에게 친절하게 대해주셔서 감사하다는 뜻일 뿐이니 받아주세요."

"뭘 이런 걸 다 주세요. 전 겨우 물 한 잔밖에 드리지 못했는데……"

그는 다소 떨리는 목소리로 말했습니다.

"당신에겐 별것 아니었을지 모르지만 목마르고 피곤에 지쳐 있던 제게는 참으로 큰 친절이었답니다."

그는 계속 말을 이었습니다.

"세상 그 어떤 일이든 작은 친절일수록 실천하기란 더 힘든 법이니까요."

마음에 새기는 지혜

우리 삶을 기쁘게 하는 것은 작고 이름 없는 사랑이다. 기억할 수 없는 친절과 사랑의 행동이다. 우리는 그것이 살아가는 동안 가장 그립고 소중한 것이라는 사실을 잘 알고 있다. 하지만 우리는 왜 그리도 자주 그 사실을 잊어버리고 소홀하게 생각하는 경우가 많은 것일까?

지갑 속의 보물

봉사 활동을 열심히 하는 사람이 있었습니다. 그는 양로원, 고아원을 방문하여 함께 어울리며 노숙자에게 밥을 해주는 등 봉사 활동을 마치 자신의 일인 것처럼 하는 사람입니다. 사람들은 그런 그에게 많은 칭찬을 했습니다.

그날은 다른 사람들과 함께 독거 할머니의 집에 벽지를 바르는 작업을 하고 있었습니다. 잠시 쉬는 시간이 되자 자원봉사자 중 한 명이 그에게 물었습니다.

"말하기는 쉬워도 행동하기는 힘든데 어떻게 이토록 봉사 활동을 열심히 하세요?"

그는 씩 웃으며 수줍은 듯 말했습니다.

"저도 힘들긴 하지만 함께 사는 세상에서 누군가는 해야 할 일이잖아요."

다시 사람들이 일을 시작했습니다. 그는 일을 하다가 한 번씩 지갑을 열어보곤 했습니다. 옆에 있던 자원봉사자가 궁금해서 물었습니다.

"왜 그렇게 자주 지갑을 열어보세요?"

그는 웃으며 지갑을 보여주었습니다.

"가끔 이 일이 하기 싫고, 힘들어질 때면 지갑을 펼쳐보곤 하지요."

지갑을 펼치자 보통 가족사진을 넣어두는 곳에 글귀가 적혀 있었습니다. 그 글을 읽은 자원봉사자는 가만히 고개를 끄덕였습니다. 지갑 안에는 이런 글이 적혀 있었습니다.

'내가 아니라면 누가? 지금이 아니라면 언제?'

마음에 새기는 지혜

나눔은 많이 가지고 적게 가지고의 문제가 아니다. 그것은 마음의 문제이며, 실천의 문제이다. 사랑의 낭비자가 되어라. 사랑은 낭비해도 충분하고, 나눌수록 더욱 늘어나는 유일한 보물이다. 사랑은 오염된 지구를 치료해주는 희망의 약이다.

누가가 아닌 내가! 언제가 아닌 지금! 사랑을 실천하는 당신이 되어라.

인간관계의 달인

 인간관계의 달인이라고 소문난 사람이 있었습니다. 늘 그의 주위에는 사람들이 몰리고, 그를 만나본 사람은 그를 칭찬하는 사람들 일색이었습니다.

 '도대체 무슨 비법이 있는 거야?'

 현대사회에서 능력 이상으로 중요한 것이 인간관계라는 것을 알고 있던 그의 친구는 그날부터 그를 유심히 살펴보기 시작했습니다. 만날 때마다 계속 그의 행동과 말을 유심히 살폈지만 잘 알 수가 없었습니다.

 "도대체 사람들이 너를 좋아하는 이유가 뭐지?"

 "난들 그걸 알 수 있나?"

 그는 자신도 잘 이해가 되지 않는다며 고개를 갸우뚱거렸습니다. 친구는 더욱 눈에 불을 켜고 그의 모든 것을 살피기 시작했습니다.

 그렇게 한 달이 지나갔습니다. 한 달 동안 여러 번 다른 친구들과 만나면서 그의 특징을 살피던 친구는 그날 그가 하는 말 한마디에 무릎을 탁 치면서 깨닫게 되었습니다.

"그래 바로 저거야. 저 친구는 무슨 일이 생기면 늘 저 말을 진심으로 사용했었어."

친구는 그가 늘 사람의 가슴에 환하게 불을 켜주는 마법의 말을 자주 사용한다는 사실을 깨달았습니다.

그것은 바로 보통 사람들이 주무기로 사용하는 '너 때문이야'가 아닌, 화살표를 자신에게 돌리는 '나 때문이야'라는 말이었습니다.

마음에 새기는 지혜

'너 때문이야'라는 말은 인간관계를 금 가게 하는 망치 같은 말이다. 그러나 '나 때문이야'라는 말은 인간관계를 이어주는 접착제 같은 말이다.

비난은 부메랑과 같아서 결국엔 상대방이 아닌 자신을 명중시켜버린다. 다른 사람을 검지로 손가락질할 때 나머지 네 손가락은 자신을 향해 있다는 사실을 명심하라.

우정을 나누는 사이

친하기로 소문난 두 사람이 있었습니다. 모든 사람이 두 사람의 우정을 부러워했습니다. 같은 직장에 근무하던 사장이 물었습니다.

"여보게, 김 군. 자네와 박 군은 어떻게 그렇게 친한가?"

"사장님, 사장님이 생각하시는 것처럼 그렇게 진한 우정을 가진 사이는 아닙니다. 그냥 다른 사람과 조금 더 친한 정도일 뿐입니다."

김 군의 대답에 사장은 고개를 갸우뚱거렸습니다.

"무슨 소린가? 자네 둘은 언제나 함께 웃고 즐거운 시간을 보내지 않는가?"

"그렇지요. 하지만 우린 서로 부둥켜안고 함께 눈물을 흘려 본 적이 없습니다."

마음에 새기는 지혜

진정한 우정은 세상이 모두 나에게 등을 돌릴 때, 손수건 한 장을 내밀며 다가올 수 있는 것이다. 모든 사람이 나를 축복할 때가 아니라, 모든 사람이 나에게 무관심할 때 나에게 따스한 말 한 마디를 건넬 수 있는 것이 진정한 우정이다.

기쁨과 즐거움이 아니라 슬픔과 아픔 속에서 함께하는 것, 시련 속에서 확인되는 그것이 진정한 우정이다.

슬픔과 아픔 속에서 함께하는 진정한 우정이 당신에게도 있습니까?

숫자를 잊게 해주는 묘약

오직 숫자로만 모든 것을 말하는 동네가 있었습니다. 아침에 만나면 "밥을 몇 그릇 먹었니?"라고 인사하고, 저녁에 만나면 "오늘 돈을 얼마나 벌었니?"로 인사를 나누었습니다. 그리고 자기 전에 부모는 자식에게 "오늘 만난 사람은 모두 몇 명이니?"라고 묻곤 했습니다.

어른들끼리 만나면 오직 대화는 "오늘 통장에 남은 돈은 얼마입니까?" 하는 인사뿐이었습니다.

친구 집에 놀러 온 아이들에게는 "너 몇 살이니?", "체중은 얼마나 나가니?", "키는 얼마지?", "너희 집은 몇 평이니?", "너의 아버지의 차 배기량은 얼마니?" 하는 식으로 모든 것을 숫자와 관련지어 질문하곤 했습니다.

동네 할머니 한 분이 돌아가셨을 때도 사람들은 "이제 이 마을에는 136명이 남았구나"라는 말만 할 뿐 그 누구에게도 진정 슬퍼하는 마음이 없었습니다.

하루는 큰 홍수가 나서 마을 사람들이 물에 빠져 죽거나 집이 물에 잠기는 큰 피해를 입게 되었습니다.

그때도 사람들은 "몇 명이 죽었느니, 재산 피해는 얼마나 났느니" 하면서 숫자 계산에만 열을 올렸습니다. 이 모습을 본 신이 무언가 잘못되었다 판단하고 숫자를 망각하는 묘약을 내려보내기로 했습니다.

그 묘약은 바로 '사랑'이라는 약이었습니다. 그날 이후 그 동네 사람들의 얼굴에는 웃음꽃이 피어났습니다. 대화 방식도 바뀌었습니다.

"너는 오늘 사람들에게 사랑을 베풀었니?"

"제가 뭐 도울 일 없나요?"

또다시 재해가 발생했을 때, 말 대신 쌀이며 반찬거리며 먹을거리를 들고 가서 서로 위로하는 모습이 목격되었다고 합니다.

마음에 새기는 지혜 ●

인간이 천국으로 가는 수단은 단 하나뿐이다. 여기 지구에 사는 우리는 그것을 '사랑'이라고 부른다.

당신도 지구인이라면 아낌없이 사용하라. '사랑'이라는 인간관계의 만병통치약을…….

가장 뛰어난 능력을 가진 사람

한 신문사의 편집장은 자신의 신문에 실리는 사람들의 이야기에 관심이 많았습니다. 신문에 실리는 대부분의 사람은 대단한 능력과 뛰어난 업적을 가진 사람이었습니다. 그는 세상에서 가장 뛰어난 사람이 누구인지 궁금했습니다.

기자들과 의논을 한 끝에 그는 이런 질문을 지면에 실었습니다.

'세상에서 가장 뛰어난 능력을 가진 사람은 어떤 사람일까요?'

신문에 이 질문이 나간 후 신문사로 많은 사람이 답을 보내왔습니다. 편집장은 기자들과 또 의논한 끝에 수많은 답 중 세상에서 가장 뛰어난 능력을 가진 사람의 답을 뽑았습니다.

3위로 뽑힌 답은 '사법고시, 행정고시, 외무고시를 모두 합격한 사람'이었습니다. 2위로 뽑힌 답은 '맨손과 아이디어만으로 최고의 기업으로 만들어낸 사람'이었습니다. 만장일치로 1

위에 오른 답은 바로 이것이었습니다.

'내 잘못이야, 라고 먼저 말할 수 있는 사람(먼저 용서를 빌 수 있는 사람).'

마음에 새기는 지혜

오늘 하루, 타인의 가슴에 못질을 했던 일을 떠올려보라. 내가 먼저 다가가 용서를 빌고 "내 잘못이야"라고 말할 수 있는 당신이 되어라. 그것이야말로 가장 용기 있는 사람만이 할 수 있는 위대한 일이다.

쉼표가 있는 하루

그의 하루는 너무도 바빴습니다. 누구보다도 이른 출근 시간에 따로 퇴근 시간 없이 오직 일에만 몰두하는 그였기에 그는 고속 승진을 거듭했습니다.

하지만 그에게 요즘은 너무도 괴로운 시기입니다. 자신의 생활을 반납하고 열심히 일을 해온 만큼 늘 일이 술술 풀렸고 탄탄대로였던 승진 길에 제동이 걸렸기 때문입니다.

답답한 마음에 특별히 정해놓은 곳 없이 발길 닿는 곳으로 걸어갔습니다. 때마침 눈에 들어온 곳은 음악 연주회장이었습니다. 오랜만에 들어보는 감미로운 선율에 감동한 그는 공연이 끝난 후에도 연주회장을 떠나지 못했습니다. 연주자는 인사를 하고 관객과 대화를 나누자고 했습니다. 한 관객이 손을 들어 질문했습니다.

"이번 연주 중 가장 어려운 점은 무엇이었습니까?"

연주자는 웃으며 대답했습니다.

"우리처럼 음악을 하는 사람들에겐 악보를 연주할 때 가장 힘든 일은 쉼표를 지키는 일입니다. 정확하게 쉬고, 그 쉬는 동안 계속되는 다음 연주를 준비하는 여력을 마련하기 위해 존재하는 것이 쉼표지요."

그는 무언가 자신의 처지와 맞는 것 같아 연주자의 말에 귀를 쫑긋 세웠습니다.

"앞만 보고 세상을 향해 달려가는 사람들에겐 여유롭게 쉰다는 것은 이 음악 악보의 쉼표처럼 단지 멈춤만을 의미하는 것이 아니라 더 큰 도약을 위한 잠시의 자기 점검 시간을 갖는 것입니다. 빠르게만 달려가느라 세상의 좋은 풍경들을 보지 못하는 여러분이 되지 않기를 바랍니다. 쉼표 없이 무작정 빨리 달리기만 하는 사람의 인생은 숨이 차 오래 달리지는 못하는 법이니까요."

마음에 새기는 지혜

가나긴 이 세상 한 걸음 더 느리게 간다고 해도
그리 늦는 것은 아니다.
인생길에서 서두르는 것만이 능사는 아니다.
인생길을 빨리 달려가는 동안
과연 내 영혼도 그 속도에 맞게 따라 가고 있는지
끊임없이 스스로를 돌아봐야 한다.
습관처럼 "바쁘다, 바쁘다"를 연발하며
살아가는 인생이라면 한번 생각해볼 문제다.
인생길이 바쁘다는 이유로
힘들어하는 친구와 가족들을 외면하고
편지 한 통 쓴다거나 안부 전화할 시간조차 없다면
과연 그것이 무슨 의미가 있는 삶일까?
아무리 빨리 달려가고 있다 할지라도
지금 나의 삶이 이러한데
과연 나는 충분히 의미 있는 삶을 살아가고 있는 것일까?

마라톤 선수가 들려준 인생 성공법

마라톤 선수가 있었습니다. 그 선수는 누구보다도 열심히 훈련을 했습니다. 그래서 그에게는 연습벌레 혹은 달리는 기계라는 별명이 붙었습니다.

그러나 그는 대회에 나가서 단 한 번도 우승을 하지 못했습니다. 그럼에도 그는 달리고 또 달렸습니다.

마침내 마라톤 선수의 나이로는 환갑에 가까운 40즈음이 되어서야 그는 우승을 차지했습니다. 오랜 무명생활을 거쳤지만 그는 결국 세계 마라톤 대회에서 1등을 차지하게 된 것입니다.

기자들은 그에게 몰려왔고 그토록 힘들고 어려웠는데 어떻게 하루도 쉬지 않고 열심히 달릴 수 있었냐고 물었습니다. 그는 간단하게 대답을 했습니다.

"뛰지 않는 것이 내게는 더 힘든 일이었습니다."

> 마음에 새기는 지혜 ●

왜 그라고 해서 숨이 턱까지 차 '이제 더 이상은 뛸 수 없다. 더 이상 한 발도 앞으로 나아갈 수 없다'는 한계가 오지 않았겠는가? 왜 그라고 해서 온몸이 파김치가 되어 '오늘 한 번쯤 빼먹는 거야. 지금 한 발 더 나아가지 않는 것쯤이야' 하는 생각이 들지 않았겠는가? 하지만 그는 마음의 저울질 속에서 포기와 게으름 대신 인내와 끈기를 선택했다.

자신이 바라는 꿈을 이루는 사람에게는 특징이 있다. 노력하지 않으면 육체는 편해지지만 마음과 생각은 불편해진다.

'꿈을 위해 노력하지 않는 것이 내게는 더 힘든 일이었다.'

당신이 이런 마인드를 무장한다면 성공은 따놓은 당상일 것이다.

세상의 기회

게으른 아들을 둔 부자 아버지가 있었습니다. 다른 것은 전혀 걱정이 없는 그였지만 아들의 미래만은 걱정이었습니다. 대학 졸업을 앞두고 있는 아들이 부지런하지 않았기 때문입니다.

그는 어느 날 아들을 불러 세웠습니다.

"너에게 좋은 선물을 주고 싶구나. 내가 우리 집 안에 돈 등 아주 소중한 것을 숨겨두었으니 찾아보렴. 네가 그것을 찾아내면 너에게 주마."

아들은 기뻐했습니다. 얼굴 표정엔 꼭 찾아내고 말겠다는 비장함마저 엿보였습니다. 아들은 부지런히 집 안을 찾아 헤매기 시작했습니다. 얼마 지나지 않아 아들의 환호성이 들렸습니다.

"아버지! 찾았어요. 제가 찾았다구요!"

아들은 그토록 갖고 싶어 하던 최신 스마트폰을 찾았습니다. 그런데 스마트폰에는 '기회'라는 글자가 적혀 있었습니다. 아들은 이상하다고 생각했지만 선물을 받았다는 기쁨에 금세 의심을 버렸습니다.

'이제 쉬어야지.'

아들은 휘파람을 불면서 거실 소파에 앉아 쉬고 있었습니다. 아버지는 그 광경을 가만히 지켜보다 한마디했습니다.

"아들아, 그것이 전부는 아니란다."

"뭐라구요? 에이, 아버지도 진작 얘기해주시지 않구요."

아들은 다시 집 안을 뒤지기 시작했습니다. 이번에는 돈이 든 통장을 금방 찾아냈습니다. 아들의 입가엔 함박웃음이 퍼졌습니다. 그 통장에도 역시 '기회'라는 글자가 적혀 있었습니다.

아들은 기뻐하며 다시 소파에 누워 빈둥거리기 시작했습니다. 그 모습을 한참 지켜보고 있던 아버지가 아들 곁으로 다가갔습니다.

"아들아. 이제 다 찾았니?"

"네. 다 찾았어요."

"그럼 이제 상황을 종료해도 되겠니?"

"네. 여기서 끝났잖아요."

아버지는 아들을 물끄러미 내려다보며 이렇게 말했습니다.

"아들아. 사실 내가 숨겼던 선물은 모두 열 개란다."

"네? 그렇게도 많아요? 왜 진작 말해주지 않았어요?"

그 말을 들은 아들은 그제야 다시 선물을 찾으려고 벌떡 일어나 집 안을 뒤지려 했습니다.

"잠깐, 너의 기회는 이미 종료되었단다."

아들의 얼굴에는 실망한 빛이 역력했습니다. 아버지는 천천히 말을 이었습니다.

"오늘 너의 선물 찾기는 네 인생의 기회 찾기와 똑같은 거란다. 너는 세상에 기회가 하나, 둘 밖에 없다고 생각하며 너 자신을 한정했지. 하지만 세상에는 네가 부지런히만 움직인다면 수많은 기회를 잡을 수 있단다. 세상의 선물 찾기에 부지런히 찾아 헤매면 반드시 많은 기회의 선물을 얻을 수 있다는 사실을 명심하렴."

마음에 새기는 지혜

기회는 늘 살아 움직이는 존재다. 눈앞에 나타났다가 사라지고, 또 다시 나타나곤 한다. 기회는 마치 공기처럼 우리의 인생 주변을 떠돈다. 그러나 우리는 늘 한탄한다. 나에게는 기회가 찾아오지 않는다면서……

기회는 준비된 자에게만 보인다. 두 눈을 크게 뜨라. 그리고 바삐 움직여라. 그러면 기회는 당신 손에 붙잡힐 것이다.

공짜는 대가를 원한다

아버지에게 물려받은 땅이 도시계획 구역에 들어가 벼락부자가 된 사람이 있었습니다. 어느 날, 졸부가 된 그에게 보낸 사람의 이름과 주소가 없는 편지 한 통이 배달되었습니다.

그 편지에는 다음 내용의 글과 함께 백화점 상품권이 들어 있었습니다.

'너무 고맙습니다. 당신에게 고마움을 표시하고 싶어 백화점 상품권 300만 원어치를 보냅니다. 이 상품권은 내일 단 하루만 사용할 수 있습니다.'

300만 원짜리 상품권을 누가 보냈는지 졸부는 곰곰이 생각해보았습니다. 하지만 자신에게 이런 것을 보낼 만한 사람은 아무도 없었습니다.

'에이, 뭐 아무려면 어때? 공짜인데……'

졸부는 다음 날 부인과 함께 백화점으로 가 300만 원어치 쇼핑을 했습니다. 졸부는 양복을, 부인은 명품가방을 샀습니다.

졸부 부부는 흐뭇해하며 집으로 돌아왔습니다.

그런데 그들의 입이 쩍 벌어졌습니다. 집 안은 온통 흐트러져 있었고 귀중품들은 전부 사라져버린 상태였습니다.

거실 한복판에는 이런 쪽지가 남겨져 있었습니다.

'나의 정체를 이제 알겠죠? 내 이름은 도둑놈입니다. 공짜를 좋아하는 당신 덕분에 나는 당신 재산을 도둑질해 갑니다.'

마음에 새기는 지혜

세상에 순수한 의미의 공짜란 없다. 공짜는 늘 우리에게 성실성과 노력이라는 귀중한 보석을 버리길 요구한다.

당신은 느껴야 한다. 당신이 공짜 하나를 가질수록 당신 안에 있는 진짜 소중한 그 무엇은 하나씩 사라진다는 사실을 통감해야 한다.

감동이 깃들어 있는 가슴

사업으로 성공한 사람이 있었습니다. 큰돈을 벌었지만 그의 가슴은 늘 휑하니 바람이 불어오는 것처럼 쓸쓸했습니다. 자신을 괴롭히는 실체가 무엇인지 그는 고민에 빠졌습니다. 사업을 시작한 후 처음으로 그는 여행을 다니기 시작했습니다. 바닷가에 도착해 해가 지는 풍광을 보며 그는 생각에 빠졌습니다.

'살면서 과연 내가 잊었던 것은 무엇일까?'

한참 동안 그는 자신이 잊어버린 것들을 하나하나 떠올려보았습니다.

어린 시절 밤새 만든 방패연이 하늘에 날아오를 때의 감격, 몇 번의 실패 끝에 딴 면허증을 들고서 면허시험장을 빠져나오던 그때, 넥타이를 몇 번씩이나 가다듬던 첫 출근의 설렘…….

그랬습니다. 슬프고 아픈 그는 지난날의 그런 감동을 잊고 사는 사람이었습니다.

그는 자신이 되찾아야 할 것들을 하나하나 떠올렸습니다.

오랜만에 풀밭에서 네 잎 클로버를 찾아 헤매는 순수함, 슬픈 영화 한 편을 보고 좌석에서 일어설 때 눈물을 닦아내는 느낌, 저녁 즈음 서쪽 하늘을 장식하는 노을에 "아!" 하는 감탄사를 내뱉는 감격…….

마침내 그는 깨달았습니다. 기쁨으로 생기가 넘치는 사람은 오늘이 주는 감동을 잊지 않는 사람이라는 것을…….

마음에 새기는 지혜

루이제 린저는 자신의 책에서 일상이 주는 감동을
이렇게 설명했다.
 '갓 구워낸 빵 냄새, 잣나무 숲과 바다의 짜릿한 소금 냄새,
담장 틈에 난 풀 냄새, 그리고 한 잔의 커피와 장미 넝쿨이
주는 아름다운 향기는
삶이 주는 참으로 반가운 선물이 아닐 수 없습니다.'
남들이 대수롭지 않게 여기는 것에서 감동을 받고
그 안에서 행복을 찾아내는 가슴이 있다.

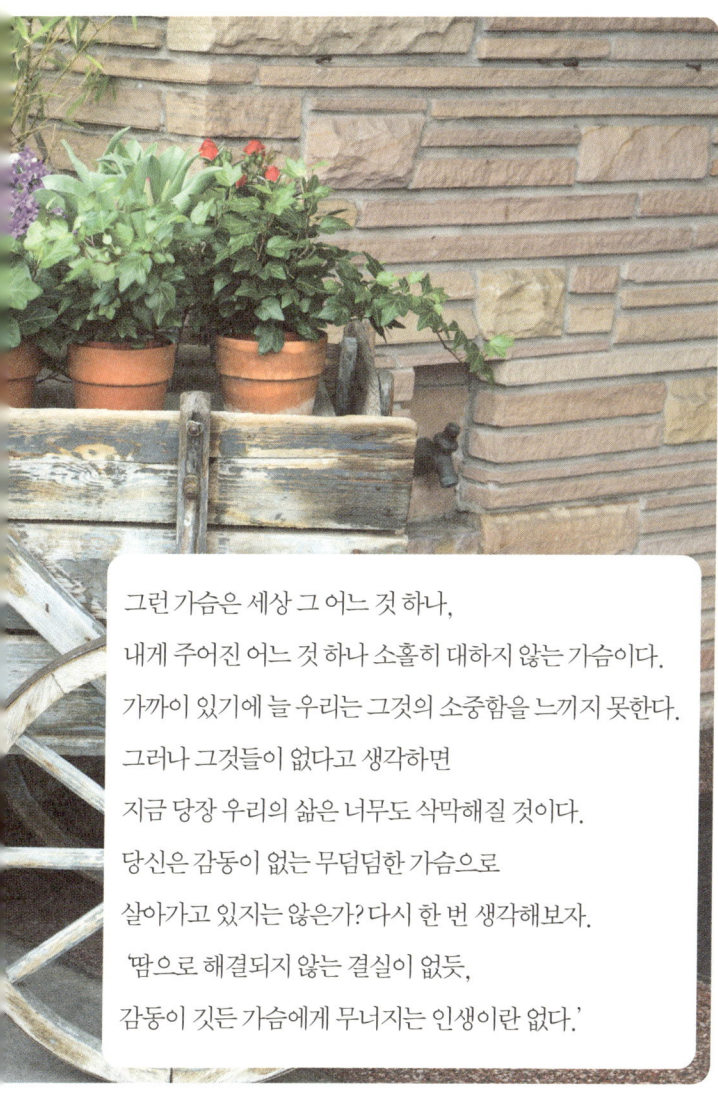

그런 가슴은 세상 그 어느 것 하나,
내게 주어진 어느 것 하나 소홀히 대하지 않는 가슴이다.
가까이 있기에 늘 우리는 그것의 소중함을 느끼지 못한다.
그러나 그것들이 없다고 생각하면
지금 당장 우리의 삶은 너무도 삭막해질 것이다.
당신은 감동이 없는 무덤덤한 가슴으로
살아가고 있지는 않은가? 다시 한 번 생각해보자.
'땀으로 해결되지 않는 결실이 없듯,
감동이 깃든 가슴에게 무너지는 인생이란 없다.'

삶의 모범답안

농사를 업으로 삼는 마을이 있었습니다. 늘 비가 넉넉하게 오던 마을에 어느 날부터인가 가뭄이 들었습니다. 마을 사람들이 머리를 맞대고 대책을 논의했습니다.

"방법은 우리의 마음을 모아서 신에게 기원하는 것뿐이야."

마을 사람들은 간절하게 기도를 했습니다.

얼마 후, 하늘나라에서 천사가 내려왔습니다. 천사들 손에는 물통 하나씩이 들려 있었습니다. 그런데 그들이 요구했던 비는 내리질 않았습니다.

"아니, 어떻게 된 것입니까? 저희는 비를 내려달라고 기도했습니다. 저희는 물통을 달라고 기도한 것이 아닙니다."

그러자 천사 대표가 말했습니다.

"잘못되다니요? 신은 여러분의 기도를 들으시고 우리를 여기로 보내셨습니다. 신께서는 여러분의 소원을 들어주셨습니다."

"그게 도대체 무슨 말씀입니까? 이 물통은 도대체 왜 가져오

셨습니까?"

"신은 여러분의 간절한 기도를 들었기에 여러분에게 최고의 방법을 주신 것입니다. 비를 내려주는 것은 일시적인 방편밖에 되지 못합니다. 신은 강에서 물을 길어 농사를 짓도록 물통을 내려주신 것입니다. 직접 실천하여 해결하는 것이 완벽한 해결책이니까요."

마음에 새기는 지혜 ●────────

인생에 특별한 방법은 없다. 다만, 생각이나 기대보다는 '행동'이 삶의 모범답안이 될 수 있다.

운명은 없다

자신의 배경에 늘 불만인 청년이 있었습니다.

부모님이 번듯한 명예를 가지고 있는 것도 아니고, 그렇다고 해서 부자도 아닌 자신의 집……. 신문이나 텔레비전을 볼수록 그는 더욱 화가 났습니다.

"외국 유학에다 병역 면제까지, 저런 좋은 운명을 타고난 친구들과 내가 어떻게 같은 결과를 얻을 수 있겠어."

그는 자신의 운명에 화가 났습니다.

그런 생각을 가지고 있던 어느 날, 그는 대학 선배를 만났습니다. 그 선배는 벤처기업을 만들어 대성공을 이룬 사람이었습니다.

그는 아무런 배경도 없는 선배가 어떻게 성공을 이룩했는지 궁금했습니다.

"내 성공의 비결을 알고 싶다고? 좋아. 그럼 나에게 성공 방법을 일깨워준 분을 소개해주지."

그는 선배가 소개해준 사람을 찾아갔습니다. 무언가 삶의 비밀을 알고 있는 듯한 그 사람에게 그는 질문했습니다.

"운명이라는 것을 알고 싶습니다. 사람의 운명이라는 것이 정말 있긴 있는 겁니까?"

그 사람은 가만히 고개를 끄덕였습니다.

"자네의 손을 펴보게. 그러면 내가 자네의 운명에 대해서 말해주지."

그의 관심이 온통 손에 집중되었습니다.

"여기를 보게. 생명선은 엄지와 약지의 중간 부분에서 출발하여 엄지 아래쪽을 둘러싸고 있는 선을 말하네. 두뇌선은 손바닥 한가운데를 가로지르고 있는 선이네. 운명선은 손바닥에 세로로 아래에서 위로 뻗은 선이네."

그의 손금을 보면서 그 사람은 말을 이었습니다.

"자네의 손에도 손금들이 있지 않은가?"

그는 고개를 끄덕였습니다.

"운명은 다른 데 있지 않네. 바로 자신의 손안에 있는 것이네. 우리나라에서 가장 부자였던 정주영, 시대의 아이콘이었던 스티브 잡스 할 것 없이 그들도 자신의 운명을 잘 개척한 사람일 뿐이었다는 사실을 잊지 말게."

마음에 새기는 지혜

정해진 운명은 없다.
지금 우리가 있는 장소에서,
지금 우리가 가지고 있는 것을
사용하여,
우리가 할 수 있는 것을 하는 것!
그것이 바로 나의 운명이다.

다음 해를 기약하며

오래된 유물을 수집하는 취미를 가진 사람이 있었습니다. 그는 옛 조상들의 숨결이 깃든 물품이 있는 곳이면 어디든 달려갔습니다. 그러던 중 옛 사람들이 남긴 일기장을 수십 권 발견하게 되었습니다.

그중에는 이조판서를 지낸 사람, 암행어사였던 사람에서부터 인생에 실패한 한량들의 일기까지 있었습니다. 어떤 사람도 자신의 인생에 애정을 가지고 있지 않은 사람은 없었습니다.

'그런데 왜 성공한 인생과 실패한 인생으로 갈리는 것일까?'

그는 의문이 들기 시작했습니다. 그는 그 일기장들을 열심히 분석해보았습니다. 그랬더니 특이한 점을 발견할 수 있었습니다. 한 해의 마지막 날 일기장에는 공통된 글들이 적혀 있었던 것입니다.

성공한 인생을 산 사람의 마지막 날 일기에는 전부 이런 글이 적혀 있었습니다.

'후회 없는 한 해, 최선을 다한 한 해였다.'

실패한 인생을 산 사람의 마지막 날 일기에는 모두 이런 글이 적혀 있었습니다.

'금년에도 역시……. 내년부터는 정말로 열심히 살아야지.'

마음에 새기는 지혜

"내일부터는, 내년부터는……."

늘 이런 말만 되풀이하는 당신은 아닌가? 1월이면 늘 계획만 있고 실천은 없는 삶……. 그래서 한 해가 끝날 때면 늘 한숨만 짓는 당신은 아닌가? 올 한 해만은 부디 12월의 마지막 날, 지난해보다 모든 면에서 좋아져 환한 미소로 작별을 고하는 당신이 되길…….

맺음말

 인생에 해답은 없다. 수학 공식처럼 딱 떨어지는 답이 없기에 결단의 순간, 선택과 포기의 순간이면 늘 갈등하게 마련이다.

 많은 사람이 그런 순간이 오면 한 권의 책을 펴든다. 누군가는 성경을 펴고, 누군가는 법전을 펴지만, 나는 항상 탈무드를 편다.

 한 페이지 남짓한 이야기를 모은 탈무드는 인생의 축소판이라고 해도 과언이 아니다. 삶에 대한 해답을 찾으려고 할 때 아하, 하고 무릎을 탁 칠 만한 이야기들이 있다.

 탈무드 같은 고전은 영원하다. 그렇지만 시대가 변하면서 탈무드가 시대의 현실을 반영하기에는 약간의 무리가 따르는 것도 부정할 수는 없다. 게다가 우리나라 현실과는 다르다는 것이 나를 안타깝게 만들었다.

내 인생의 디딤돌이자 안식처가 되어주었던 탈무드를 수없이 반복해 읽으면서 나는 슬그머니 한 가지 욕심을 냈다.

'시대의 현실에 맞는, 한국인에게 맞는 탈무드는 없는 걸까?'

수많은 책을 찾아보았지만 '한국인을 위한 탈무드' 같은 그런 책은 찾기가 쉽지 않았다.

이 책은 그로 인해 출발점이 된 책이다.

이 책이 누군가에게는 그런 책이 되었으면 좋겠다. 삶에 무릎 꺾이려 할 때 이 책의 이야기 한 줌으로 '그래, 다시 한 번'이라며 두 주먹에 힘이 주어질 수 있는 책이, 도전해야 하나 포기해야 하나 고개를 갸우뚱거리는 순간이 올 때 자신만의 결정을 내릴 수 있는 데 약간이라도 도움이 될 수 있는 책이 되었으면 좋겠다.

결국 이 책이 한국인인 당신을 위한 인생의 지혜, 탈무드가 되기를 바라고 또 바란다.

우리는 너무나도 바쁘고 일이 많으며 지나치게 시간을 빼앗기면서도 활동적이다. 한 번 더 젊어지고 단순해지고 어린이로 돌아갈 줄 알아야 한다. 천진하고 행복한 시간을 누릴 줄 알아야 한다. 아무것도 하지 않고 시간을 보낼 줄 알아야 한다. 이것을 두고 태만이라 하지는 못하리라. 번뇌나 생각에 잠기는 것은 한낮의 더위로 빛을 잃고 지쳐빠진 사색의 밤에 오는 비처럼 소생시킨다.

한국인을 위한 탈무드

초판 1쇄 인쇄 2013년 2월 1일
초판 1쇄 발행 2013년 2월 5일

지은이 | 박성철
펴낸이 | 전영화
펴낸곳 | 다연
주소 | (413-120) 경기도 파주시 문발동 535-7 세종출판벤처타운 404호
전화 | 070-8700-8767 팩스 | (031) 814-8769
이메일 | dayeonbook@naver.com
본문 편집 및 디자인 | 글꽃 표지 디자인 | 홍시
ⓒ박성철

ISBN 978-89-92441-32-2 (03810)

※ 잘못 만들어진 책은 구입처에서 교환 가능합니다.